Laura BERGALLO

LE PETIT LIVRE DES ESPRITS

CESAK Paris

LE PETIT LIVRE DES ESPRITS

Titre original :

O LIVRINHO DOS ESPIRITOS

Pour la traduction française :
©CESAK
—
Paris,
2008

Traduit du portugais par : Claudia BONMARTIN

Révision : Ghislaine MASSIN

Mise en page : Ghislaine MASSIN

Couverture : CESAK - Paris

ISBN : 978-2-9509040-2-7

Toute reproduction d'un extrait quelconque de ce livre par quelque procédé que ce soit, et notamment par photocopie ou microfilm, est interdite sans autorisation écrite de l'auteur ou de ses ayants droits.

SOMMAIRE

PREFACE   1

INTRODUCTION
Allan Kardec et le livre des esprits   3

PRESENTATION
Comment ce livre est né   7

LES CAUSES PREMIERES
Dieu   11
Les éléments généraux de l'univers   13
La création   17
Le principe vital   21

MONDE SPIRITE OU MONDE DES ESPRITS
Les esprits   23
But de l'incarnation   31
La pluralité des existences   37
La vie spirite   45
Retour à la vie corporelle   59
Emancipation de l'âme   67
Intervention des esprits dans le monde corporel 71

Occupations et missions des esprits   79
Les trois règnes   81

LOIS MORALES

Loi divine ou naturelle   85
Loi d'adoration   89
Loi du travail   93
Loi de reproduction   95
Loi de conservation   99
Loi de destruction   103
Loi de société   111
Loi du progrès   113
Loi de l'égalité   117
Loi de liberté   121
Loi de justice, d'amour et de charité   127

ESPERANCES ET CONSOLATIONS
Peines et jouissances terrestres   137

PEINES ET JOUISSANCES FUTURES   145

PREFACE

Amis lecteurs,

Avec ce petit grand livre, le CESAK de Paris plonge dans une nouvelle aventure. Cette fois-ci, elle touche notre « espoir d'avenir » qui sont les enfants et les jeunes de notre France et de la francophonie.

Le but de cette collection est d'apporter, à ce public très spécial, les premières notions de la morale de Jésus à la lumière de l'enseignement des Esprits, codifié par Allan Kardec.

Ainsi, tous les livres qui y trouveront leur place prendront la précaution d'adapter leur langage et leur contenu aux tout petits et aux jeunes.

En ce qui concerne le présent ouvrage, il est plus particulièrement destiné aux préadolescents voire mêmes aux adolescents. Il les aidera à acquérir une approche progressive du magistral « Le Livre des Esprits », car seulement 114 questions sur les 1019 y sont traitées. Il servira aussi à l'occasion des études familiales, où parents et enfants se réunissent pour prier et pour réfléchir avec l'œuvre de base du Spiritisme.

Dès sa publication en 2007, par les Editions du CELD (Centre Spirite Léon Denis, fondé par notre

1 – Le Petit Livre des Esprits

regretté et très cher ami Altivo Pamphiro) de Rio de Janeiro/Brésil, en hommage aux 150 ans du « Le Livre des Esprits », il est resté, pendant des mois, au premier rang des ventes de livres pour la jeunesse. Jusqu'à présent, il se maintient entre les 5 et 10 écrits les plus vendus pour cette tranche d'âge.

Il est intéressant de noter l'observation de certains libraires concernant les adultes qui achètent ce livre car, disent-ils, ils veulent aussi venir en douceur à la connaissance spirite.

Nous, les membres du CESAK de Paris, remercions l'auteur Laura Bergallo, et son mari Gilberto Cardoso qui a contribué à la réalisation de cet ouvrage, pour nous avoir cédé gracieusement ses droits en langue française.

Nous remercions spécialement Ghislaine Massin, pour son infatigable travail de révision et de mise en page, ainsi que les membres de notre Centre qui ont participé à cette réalisation.

Nous adressons aussi un grand merci à tous ceux et celles qui en lisant ce livre soutiennent notre initiative et participent à notre aventure.

Fraternellement

Claudia Bonmartin
Au nom des membres du CESAK de Paris,
Le 15 septembre 2008

INTRODUCTION

ALLAN KARDEC ET LE LIVRE DES ESPRITS

Hyppolite Léon Denizard Rivail, connu dans le monde entier sous le nom d'Allan Kardec, auteur de l'œuvre « Le Livre des Esprits » est né en France, le 3 octobre 1804 à Lyon.

Son père, M. Jean-Baptiste Antoine Rivail était juge de profession. Sa mère se nommait Mme Jeanne Louise Duhamel.

Tout petit, on remarque chez lui une grande intelligence et une importante capacité d'observation. Jeune, il aime déjà les Sciences et la Philosophie. Il fait ses premières études à Lyon et à l'âge de dix ans, ses parents l'envoient à l'Institut d'Education d'Yverdun en Suisse, l'un des plus réputés de l'époque, dont le directeur est le non moins renommé professeur, M. Pestalozzi.

On raconte que dès l'âge de quatorze ans, comme il est un excellent élève, il apprend les leçons aux plus jeunes de l'Institut. Plus tard, il devient élève auxiliaire afin d'étudier la méthode d'enseignement du grand éducateur.

Vers 1822, le jeune Rivail quitte Yverdun. Il vient habiter à Paris et commence sa carrière de professeur. Il publie de nombreux ouvrages dont plusieurs seront adoptés par le système officiel français d'éducation.

Le 6 février 1832, il se marie avec Amélie Gabrielle Boudet.

Vers 1853, en Europe, un phénomène devient très réputé : celui des « tables tournantes ». Cette nouveauté se transforme en « mode ». On la pratique dans les salons de l'aristocratie et de la bourgeoisie européenne, principalement dans les salons français. Il s'agit d'une réunion d'hommes et de femmes autour d'une table, de préférence ronde, où ceux-ci y apposent leurs mains, dans le but de la faire bouger. Ce phénomène est vécu comme un divertissement et personne n'est intéressé ni pour l'expliquer ni pour le comprendre.

A la fin de l'année 1854, une connaissance de Rivail, un dénommé Fortier, qui est hypnotiseur, lui fait part d'une nouvelle : ces tables, en plus de « danser » et de « tourner » répondent à des questions !

Rivail ayant reçu une éducation scientifique très rigoureuse rejette cette idée, au début : «J'y croirai seulement quand j'aurai la preuve qu'une table a un cerveau pour penser, des nerfs pour sentir et qu'elle puisse devenir somnambule ».

En mai 1855, Rivail assiste à une réunion chez Mme Plainemaison où il voit pour la première fois « les tables tournantes » : elles marchent, elles tournent et par des coups, mais de manière intelligente, répondent aux questions que le public leur pose.

A partir de ce jour, Rivail décide d'étudier sérieusement le sujet. Il participe à d'autres réunions chez Mme Plainemaison, mais il va approfondir ses observations chez la famille Baudin. On est déjà en 1856.

Là, on y prépare en grande partie « Le Livre des Esprits ». Rivail s'émerveille des réponses des esprits, données par l'intermédiaire des médiums, aux questions qu'il leur pose. Le 30 avril 1856, une médium, Mlle Japhet, lui révèle sa mission : divulguer au monde la Doctrine Spirite.

Rivail l'assume avec enthousiasme et écrit « Le Livre des Esprits » avec ses questions posées aux esprits, leurs réponses, et ses commentaires sur celles-ci. Le livre prêt, les esprits lui demandent une révision complète et c'est Mlle Japhet qui la fait sous l'orientation du Monde Spirituel.

Le 18 avril 1857, le livre est publié ce qui

représente un fait marquant non seulement dans l'histoire du Spiritisme mais également dans celle de notre civilisation.

Pour le signer, Rivail choisit le pseudonyme d'Allan Kardec, qui selon son guide spirituel, était son nom dans une ancienne incarnation, en tant que prêtre chez les druides, ancien peuple résidant en France.

PRESENTATION

COMMENT CE LIVRE EST NE

C'est en 1999, lors de la réunion familiale d'études spirites que nous réalisons tous les dimanches soir, que mon mari, nos deux enfants et moi, avons décidé de commencer à étudier « Le Livre des Esprits ».

A cette époque, nos garçons avaient 10 et 12 ans, et jusque là, aucune des œuvres de base de la Codification ne leur avait été proposée. Nos réunions se limitaient à des lectures et à des commentaires sur des livres spirites pour enfants, reçus ou non en psychographie.

Mais nos garçons grandissaient et cette littérature enfantine à leur disposition, devenait de moins en moins appropriée pour eux et peu attrayante dans cette période de préadolescence. Ils en voulaient plus et avaient déjà une compréhension suffisante pour aller plus loin. Alors, mon mari et moi nous nous sommes demandés si le moment n'était pas venu de les initier à l'étude du « Le Livre des Esprits ». Nous connaissions la complexité de la question car nous savions que de nombreux aspects de ce livre étaient au-dessus de la capacité de compréhension d'enfants de leurs âges. Il y avait aussi un autre facteur qui rendait notre tâche difficile : Kardec était un scientifique et un philosophe du XIXème siècle. Son langage reflétait son époque et son «statut » intellectuel était en grande partie au-dessus du niveau d'entendement de nos préadolescents et de leur vocabulaire. Mais, même avec ces restrictions nous avons décidé de relever le défi.

Aujourd'hui, trois ans après et presque arrivés à la fin du livre, nous constatons que ce que nous avions envisagé se confirme dans la pratique : il y a beaucoup de textes dans ce livre qui réveillent chez nos enfants énormément d'intérêt (13 et 15 ans actuellement). Cependant, il y en a d'autres qui ne les motivent pas suffisamment parce leur compréhension leur est difficile, et l'érudition de leur vocabulaire favorise la dispersion de leur attention pendant la réunion.

Toutefois, comme je leur faisais moi-même la lecture à haute voix, j'essayais toujours de faire usage de mon expérience d'écrivain et de pratiquer une «traduction simultanée » : devant un mot ou une phrase sortant de leur propre contexte, je remplaçais le terme par un synonyme plus familier.

A partir de cette expérience, j'en ai conclu qu'il serait opportun et utile de réaliser une sorte « d'adaptation » du « Le Livre des Esprits » pour jeunes lecteurs. Ainsi est né « Le Petit Livre des Esprits ». A partir de mes observations pratiques durant ces trois années, j'ai sélectionné les questions qui me paraissaient les plus en accord aux intérêts et à l'univers de l'enfance et de la jeunesse. Je les ai « traduites » dans leur langage pour les rapprocher des codes de ce public spécifique. Et, en toute humilité, j'ai apporté quelques commentaires pouvant les aider à une meilleure compréhension des enseignements sages et profonds contenus dans cette œuvre. Nombreux parmi ceux-ci sont extraits des commentaires d'Allan Kardec en réponse aux questions non sélectionnées par nous-mêmes et de façon résumée.

Il est important de remarquer que la sélection des questions se base sur des critères individuels. J'ai fait mon possible pour ne pas échapper au bon sens, faisant usage de mon expérience acquise en tant qu'écrivain pour enfants et adolescents et en tant que mère de deux enfants, sans à aucun moment prétendre exercer quelque sorte de censure et de restriction. L'adaptation du texte est fidèle à tout ce que Kardec et les Esprits avaient l'intention de transmettre. L'introduction et les conclusions, de par leur complexité et extension ainsi que de par les nombreux commentaires d'Allan Kardec, n'ont pas été reproduites ici.

Et pour finir, je veux être claire et précise. Ce livre ne prétend en aucun cas se substituer à l'irremplaçable « Le Livre des Esprits ». Il est à peine susceptible de servir de stimulus pour le jeune lecteur, qui plus tard, quand sa maturité le permettra, lui donnera l'envie de se plonger pleinement dans la lecture complète de cette œuvre merveilleuse. Ainsi, « Le Petit Livre des Esprits » doit être considéré comme une introduction, une ouverture à de nouveaux horizons qui ne s'épuiseront jamais. Si notre jeune lecteur peut déjà comprendre ces vérités, être fasciné devant les concepts de base du Spiritisme présentés dans cet ouvrage, et en plus s'il désire aller de l'avant, j'aurais accompli mon objectif et ma tâche.

Laura Bergallo

LES CAUSES PREMIERES

DIEU

– Question de Kardec (1) : Qu'est ce que Dieu ?

– Réponse des esprits : « Dieu est l'intelligence suprême, cause première de toutes choses. »

Les esprits veulent nous dire que rien n'existe sans Dieu.

Dieu est donc le Créateur de toutes choses, des immenses galaxies de l'Univers, jusqu'au plus petit grain de sable des plages. Tous les êtres vivants tels l'homme, les plantes et les animaux ainsi que tout ce qui appartient au royaume minéral, ont été créés par Dieu, qui est le Père de tout et de tous.

Kardec nous explique aussi que :

– Dieu est éternel, Il n'a pas été créé et Il ne mourra jamais.

– Dieu est immuable, car les changements qui se produisent en permanence pour nous et pour la Nature, ne Lui arrivent en aucun cas, à Lui.

– Dieu est immatériel, parce qu'Il n'est pas fait de matière.

– Dieu est unique, parce qu'Il n'y a pas d'autres dieux.

– Dieu est Tout puissant, parce qu'Il peut tout et parce qu'il n'y a rien ni personne de plus puissant que Lui.

– Dieu est souverainement juste et bon, parce que sa sagesse et sa bonté peuvent être vues dans toute sa Création et elles se révèlent dans les plus petites choses comme dans les plus grandes.

LES ELEMENTS GENERAUX DE L'UNIVERS

– Question de Kardec (17) : Est-il donné à l'homme de connaître le principe des choses ?

– Réponse des esprits : « Non, Dieu ne permet pas que tout soit révélé à l'homme ici bas. »

La science à travers les siècles se développe et permet à l'homme de connaître de nombreuses choses qu'il ignorait, il y a encore peu de temps. Mais les esprits nous ont dis que même les plus grands progrès faits par la Science de notre monde ont des limites imposées par Dieu. Ils disent encore qu'au fur et à mesure que nous devenons meilleurs, plus grandes seront notre connaissance et notre compréhension des mystères qui défient notre intelligence.

Nous connaissons la guérison de nombreuses maladies mais il y en a encore beaucoup à découvrir.

Nous sommes déjà allés sur la Lune mais il existe dans l'Univers un nombre infini d'astres à explorer.

– Question de Kardec (22) : Quelle définition pouvez-vous donner à la matière ?

– Réponse des esprits : « La matière est le lien qui

enchaîne l'esprit ; c'est l'instrument qui le sert et sur lequel, en même temps, il exerce son action ».

Nous savons que notre corps est fait de matière. L'esprit utilise le corps pour pouvoir vivre dans le monde matériel, pour agir sur les choses qui s'y trouvent et qui sont aussi matérielles. Voici un exemple : nous avons besoin de nos mains pour planter une semence qui va se transformer en un arbre couvert de fruits.

– Question de Kardec (23) : Qu'est ce que l'esprit ?

– Réponse des esprits : « Le principe intelligent de l'Univers ».

Cela veut dire que nous avons un corps mais nous ne pouvons pas dire que nous avons un esprit. En vérité nous sommes l'esprit, parce qu'il est le principe intelligent qui « habite » dans notre corps.

Dieu, esprit et matière forment la «trinité universelle », mais il existe encore une chose qui n'est ni esprit ni matière, et qui a le rôle de rendre possible l'action de l'esprit sur la matière. Pour faciliter notre compréhension, nous pouvons comparer cette chose à ce que nous appelons « énergie ».

– Question de Kardec (35) : L'espace de l'univers est-il infini ou limité ?

– Réponse des esprits : «Infini. Supposons-lui des bornes, qu'y aurait-il au-delà ? Cela confond ta raison, je le sais bien, et pourtant ta raison te dit qu'il n'en peut être autrement. Il en est de même de l'infini en toutes choses ; ce n'est pas dans votre petite sphère que vous pouvez le comprendre ».

Il s'agit pour nous d'une question très compliquée car il nous est très difficile d'imaginer l'infini. Les esprits nous disent que ceci est normal parce qu'il y a beaucoup de choses que nous ne pouvons pas comprendre. Pour le moment, il nous suffit de savoir que : l'espace universel est infini et qu'il n'est pas délimité.

LA CREATION

– Question de Kardec (38) : Comment Dieu a-t-il créé l'Univers ?

– Réponse des esprits : «Pour me servir d'une expression : Sa Volonté. Rien ne peint mieux cette volonté toute puissante que ces belles paroles de la Genèse : Dieu dit : Que la lumière soit, et la lumière fut ».

L'univers est l'œuvre de Dieu et les esprits nous informent qu'il s'est formé par la condensation de la matière se trouvant partout dans l'Espace. Et cela arrive par la volonté de Dieu. Après le chaos du début, chaque chose a pris sa place et les premiers êtres vivants ont pu apparaître.

Pour faciliter notre compréhension, nous pouvons comparer l'apparition de ces premiers êtres à la semence qui reste endormie dans la terre, et qui un jour, pousse et donne origine à la plante, ou à la chenille dans sa chrysalide qui en temps voulu la rompt et se transforme en papillon.

– Question de Kardec : L'homme a-t-il pris naissance sur plusieurs points du globe ?

– Réponse des esprits : « Oui, et à diverses

époques, et c'est là une des causes de la diversité des races ; puis les hommes, en se dispersant sous différents climats, en s'alliant à d'autres races, ont formé de nouveaux types ».

Quand les esprits nous parlent des différences physiques parmi les races humaines, ils nous laissent bien voir qu'elles existent à cause des différents climats et coutumes. De cette façon, la couleur de la peau, par exemple, varie selon la région de la planète où chaque peuple a eu son origine. Elle varie en fonction du climat et de l'intensité de la lumière solaire. Et cela a déjà été prouvé par la Science moderne.

En réalité les hommes sont égaux et appartiennent à une grande et unique famille. Ils sont tous des frères devant Dieu et leur parcours sur Terre a le même objectif, pour tous.

– Question de Kardec (55) : Tous les globes qui circulent dans l'espace sont-ils habités ?

– Réponse des esprits : « Oui, et l'homme de la Terre est loin d'être, comme il le croit, le premier en intelligence, en bonté et en perfection. Il y a pourtant des hommes qui se croient bien forts, qui s'imaginent que ce petit globe a seul le privilège d'avoir des êtres raisonnables. Orgueil et vanité ! Ils croient que Dieu a créé l'univers pour eux seuls. »

La Terre est la cinquième plus petite planète des neufs qui tournent autour du Soleil. A son tour, le Soleil est une étoile de cinquième grandeur parmi les 500 milliards d'astres qui brillent dans la Voie Lactée. La Voie Lactée, notre galaxie, est l'une des 100 milliards de galaxies que la Science de l'homme compte et qui existent dans l'Univers. Comment pouvons-nous être les seuls habitants de cet Espace si grand ?

Les esprits nous apprennent que les mondes n'ont pas la même constitution physique et qu'ils peuvent être habités par des êtres très différents de nous, faits de d'autres sortes de matières et avec d'autres besoins physiques. Ils nous donnent comme exemple, la différence entre les poissons qui sont faits pour vivre dans l'eau et les oiseaux qui sont faits pour vivre dans l'air.

LE PRINCIPE VITAL

– Question de Kardec (70) : Que deviennent la matière et le principe vital des êtres organiques à leur mort ?

– Réponse des esprits : « La matière inerte se décompose et en forme de nouveaux ; le principe vital retourne à la masse ».

Kardec compare le phénomène de la vie et de la mort avec le fonctionnement d'un appareil électrique. Le principe ou fluide vital serait l'électricité nécessaire pour mettre en route l'appareil. Sans le courant électrique l'appareil s'arrête ; sans le fluide vital, notre corps meurt. Comme nous le savons déjà, avec la mort (qui est causée par l'épuisement des organes du corps), la matière se décompose et revient à la Nature.

MONDE SPIRITE OU MONDE DES ESPRITS

LES ESPRITS

– Question de Kardec (76) : Quelle définition peut-on donner des Esprits ?

– Réponse de Kardec : « On peut dire que les Esprits sont les êtres intelligents de la création. Ils peuplent l'Univers en dehors du monde matériel ».

Les esprits sont fils de Dieu, créé par Lui. Pour nous, c'est encore un mystère de savoir quand et comment tout cela est arrivé. Les esprits sont des êtres qui n'ont pas de corps matériel. Notre intelligence est très limitée et nous n'arrivons pas bien à comprendre de quoi sont faits les esprits. Kardec compare cette difficulté à celle d'une personne qui, née aveugle, n'arrive pas à se faire une idée de ce qu'est la lumière.

Les esprits habitent dans un monde différent de celui que nous voyons avec nos yeux : le monde des esprits, est un monde qui existait avant même que surgisse le monde matériel.

Donc, ces deux mondes, le matériel et le spirituel

communiquent entre eux et s'influencent en permanence.

Nous apprenons aussi que les esprits se trouvent partout, dans tous les recoins de l'Espace infini. Nombreux sont ceux qui restent à nos côtés et ceci même si nous ne les voyons pas. Ils nous observent et ils nous aident.

- Question de Kardec (88) : Les Esprits ont-ils une forme déterminée, limitée et constante ?

- Réponse des esprits : «A vos yeux non ; aux nôtres, oui ; c'est si vous voulez, une flamme, une lueur ou une étincelle éthérée. »

La luminosité de cette flamme varie selon le degré de pureté de chaque esprit. Donc, les moins purs sont plus sombres et opaques et des plus purs émanent une couleur vive et brillante.

- Question de Kardec (91) : La matière fait-elle obstacle aux Esprits ?

- Réponse des esprits : « Non, ils pénètrent tout : l'air, la terre, les eaux, le feu même leur sont également accessible. »

Les esprits n'ont pas les mêmes difficultés que nous pour se déplacer. Ils parcourent l'espace avec la vitesse de la pensée et rien ne leur empêche le passage.

S'ils ne peuvent pas être en même temps en deux endroits différents, selon leur degré de pureté, ils peuvent envoyer leurs pensées dans plusieurs directions.

– Question de Kardec (93) : L'Esprit, proprement dit, est-il à découvert, ou est-il, comme quelques-uns uns le prétendent, environné d'une substance quelconque ?

– Réponse des Esprits : « L'Esprit est enveloppé d'une substance vaporeuse pour toi, mais encore bien grossière pour nous ; assez vaporeuse cependant pour pouvoir s'élever dans l'atmosphère et se transporter où il veut.

Cette espèce « d'emballage » de l'esprit s'appelle le périsprit, et il est différent selon les différents mondes habités. Quand un esprit supérieur vient dans notre monde, il a besoin de « s'habiller » d'un périsprit plus grossier plus en accord avec l'endroit où il se trouve.

Le périsprit a la forme que l'esprit souhaite lui donner. En rêve et parfois même réveillé, on peut le toucher.

Question de Kardec (96) : Les Esprits sont-ils

égaux, ou bien existe-t-il entre eux une hiérarchie quelconque ?

– Réponse des esprits : «Ils sont de différents ordres selon le degré de perfection auquel ils sont parvenus ».

Dans le monde des esprits, la seule caractéristique qui fait qu'un esprit est supérieur à un autre c'est son avancement personnel. Il y a des esprits plus ou moins avancés à de degrés différents. Nous pouvons les classer en trois types ou ordres :

– Le premier ordre concerne les esprits arrivés au maximum de la perfection : les purs esprits, supérieurs en intelligence et bonté. Selon ce que nous apprend Kardec, cette catégorie d'esprits n'a pas besoin de vivre dans un corps matériel, c'est-à-dire, que ceux-ci n'ont plus besoin de se réincarner. Ils n'ont plus ni épreuves ni expiations à subir et leur bonheur est parfait. Leur travail consiste à aider l'homme et d'autres esprits. Ils peuvent être appelés anges, archanges ou séraphins.

– Le deuxième ordre est celui des esprits qui sont bons mais encore imparfaits. A cause de leur imperfection, ils subissent encore des épreuves. Ils cherchent à aider l'homme en lui montrant le bon chemin et en le protégeant. Ils ne ressentent plus ni haine, ni envie, ni jalousie et peuvent être appelés les bons génies, les génies protecteurs ou les esprits du bien.

– Le troisième ordre peut être celui des esprits qui ne font pas le bien, mais pas non plus le mal, et encore aussi ceux qui aiment pratiquer le mal. Dans cette catégorie se trouvent les esprits, ignorants, orgueilleux et égoïstes, malgré le fait qu'ils ne soient pas totalement méchants. Ces esprits souffrent beaucoup et connaissent très peu le monde spirituel. Certains d'entre eux, dès qu'ils le peuvent, cherchent à déranger les hommes et à retarder leur avancement.

Il est évident que parmi ces trois ordres il y a des variations infinies.

– Question de Kardec (114) : Les Esprits sont-ils bons ou mauvais par leur nature, ou bien sont ce les mêmes Esprits qui s'améliorent ?

– Réponse des esprits : «Les mêmes esprits qui s'améliorent : en s'améliorant, ils passent d'un ordre inférieur dans un ordre supérieur.

Le Livre des Esprits nous enseigne que Dieu créa tous les esprits simples et ignorants, et donna à chacun, une mission leur permettant petit à petit d'arriver à la perfection. Quand l'esprit atteint cette perfection, il est près de Dieu et il est totalement heureux. Tous les esprits, même les méchants seront un jour, des esprits parfaits. Ce jour arrivera plus vite pour ceux qui accepteront la volonté de Dieu et les difficultés qu'ils vivront sans se révolter et sans tomber dans le désespoir.

Aucun esprit ne revient en arrière sur le chemin qu'il a parcouru, c'est-à-dire, tous les progrès qu'il a fait, il ne le perdra jamais mais il peut stationner….

– Question de Kardec (121) : Pourquoi certains esprits ont-ils suivi la route du bien, et d'autres celle du mal ?

– Réponse des Esprits : «N'ont-ils pas leur libre arbitre ? Dieu n'a point créé d'Esprit mauvais ; il les a créés simples et ignorants, c'est-à-dire, ayant autant d'aptitude pour le bien que pour le mal ; ceux qui sont mauvais le deviennent par leur volonté. »

Le libre-arbitre est la liberté de chaque esprit de choisir son propre chemin. Dieu laisse chacun décider de la direction qu'il veut prendre pour qu'il puisse assumer les conséquences de ce qu'il fait.

Donc, si quelqu'un choisit d'être bon, il sera récompensé de son choix. Par contre, pour celui qui choisit juste le contraire, le mal qu'il pratique se tournera contre lui. Et dans les deux cas, il y aura influence des esprits : les esprits imparfaits vont tenter de l'influencer vers le mal et les bons esprits vont lui conseiller la pratique du bien.

L'important est de savoir que chacun de nous est libre de choisir. De ce choix va dépendre notre avenir dans cette vie et dans les autres vies à venir et à vivre.

BUT DE L'INCARNATION

– Question de Kardec (132) : Quel est le but de l'incarnation des Esprits ?

– Réponse des Esprits : «Dieu la leur impose dans le but de les faire arriver à la perfection : pour les uns, c'est une expiation ; pour d'autres, c'est une mission. Mais, pour arriver à cette perfection, ils doivent subir toutes les vicissitudes de l'existence corporelle : c'est là qu'est l'expiation. L'incarnation a aussi un autre but, c'est de mettre l'Esprit à même de supporter sa part dans l'œuvre de la création ; c'est pour l'accomplir, que dans chaque monde, il prend un appareil en harmonie avec la matière essentielle de ce monde pour y exécuter, à ce point de vue, les ordres de Dieu ; de telle sorte que tout en concourant à l'œuvre générale, il avance lui-même. »

Nous avons tous un rôle important à jouer dans l'œuvre de la Création qui va nous aider dans notre propre évolution individuelle. Pour qu'un jour nous devenions de purs esprits, nous avons besoin de passer par des difficultés qui nous apprennent le chemin du Bien. Donc, chaque esprit, dans chacune de ses incarnations « s'habille » d'un corps physique en adéquation avec le monde où il va vivre. Par l'intermédiaire de l'intégration de ce corps avec le milieu ambiant, le progrès spirituel va être possible. Il est toujours intéressant de remarquer et même d'insister sur le fait que l'esprit qui choisit la voie du Bien arrive plus vite au bout du chemin et souffre moins.

– Question de Kardec (134) : Qu'est ce que l'âme ?

– Réponse de Kardec : « Un Esprit incarné »

Cela veut dire que l'âme est un esprit qui « occupe » un corps. Et chaque esprit se lie au corps qu'il « occupe » par un lien semi-matériel, qui permet à l'âme de communiquer avec le corps.

Ce lien est « l'emballage » que l'on nomme périsprit. Donc, nous pouvons dire que l'être humain est formé : d'un corps matériel, d'un esprit ou âme et d'un périsprit. Quand on meurt, l'esprit abandonne le corps matériel car la mort rompt les liens entre les deux.

– Question Kardec (149) : Que devient l'âme à l'instant de la mort ?

– Réponse de Kardec : «Elle redevient Esprit, c'est-à-dire qu'elle rentre dans le monde des Esprits qu'elle avait quitté momentanément. »

Quand nous mourrons, l'âme quitte notre corps matériel et revient au monde spirituel qu'elle avait quitté. L'esprit garde son individualité parce qu'il a un fluide qui lui appartient, à lui seul, le périsprit, à son tour, garde la même apparence que le corps matériel lors de sa dernière incarnation. Cela veut dire que nous continuons à être ce que nous avons été de notre « vivant », avec les mêmes qualités et les mêmes défauts et la même image que l'on voyait refléter dans un miroir.

– Question de Kardec (154) : La séparation de l'âme et du corps est-elle douloureuse ?

– Réponse des Esprits : «Non, le corps souffre souvent plus pendant la vie qu'au moment de la mort : l'âme n'y est pour rien. Les souffrances que l'on éprouve quelques fois au moment de la mort sont une jouissance pour l'Esprit, qui voit arriver le terme de son exil. »

C'est comme si l'on demandait si la mort fait mal. Et la réponse des esprits a été non. Et ils ajoutent encore que les sensations désagréables que le corps matériel ressent, sont pour l'esprit un motif de joie et de bonheur parce qu'elles annoncent sa libération définitive du corps.

Les esprits nous enseignent que les liens qui unissent l'âme au corps ne se rompent pas brusquement, ils se défont doucement, petit à petit.

Kardec dit que le temps pris par l'esprit entouré de

son périsprit pour se libérer de son corps, varie d'une personne à l'autre. Pour les esprits plus avancés cette libération peut être rapide. Pour ceux qui sont très attachés aux choses matérielles, cette séparation peut durer des jours, des semaines, des mois… même si leur corps n'a plus de vie.

Il y a des cas exceptionnels, comme ceux des suicidés, où l'esprit reste longtemps attaché à son corps, accompagnant son processus de décomposition et en conséquence, souffrant beaucoup. L'âge et la façon dont on meurt, par exemple, par accident ou par maladie, influence sur le temps de la séparation entre l'âme et son corps.

– Question de Kardec (159) : Quelle sensation éprouve l'âme au moment où elle se reconnaît dans le monde des esprits ?

– Réponse des Esprits : « Cela dépend, si tu as fait le mal avec le désir de faire, tu te trouves au premier moment tout honteux de l'avoir fait. Pour le juste, c'est bien différent : elle est comme soulagée d'un grand poids, car elle ne craint aucun regard scrutateur. »

Cette réponse nous donne la certitude que nous ressentirons, au moment de la mort, un bien-être si nous avons la conscience tranquille quant aux actes que nous avons commis pendant notre existence. Dans ce cas, la mort est une libération, car rien ne nous fera honte et nous n'aurons de dettes envers personne.

– Question de Kardec (160) : L'Esprit retrouve-t-il immédiatement ceux qu'il a connus sur la terre et qui sont morts avant lui ?

– Réponse des Esprits : «Oui, selon l'affection qu'il avait pour eux et celle qu'ils avaient pour lui ; souvent ils viennent le recevoir à sa rentrée dans le monde des Esprits, et ils aident à le dégager des langes de la matière ; comme aussi il en est beaucoup qu'il retrouve et qu'il avait perdus de vue pendant son séjour sur la terre ; il voit ceux qui sont errants ; ceux qui sont incarnés, il va les visiter. »

Ceux qui ont étudié les cas d'Expérience de Mort Imminente (EMI) nous racontent que la rencontre avec des parents et des amis désincarnés, arrive très fréquemment.

Lors des Expériences de Mort Imminente les personnes rentrent dans un état de mort clinique mais finissent par revenir à la vie et guérir. Elles nous racontent ce qu'elles ont vu et vécu pendant qu'elles étaient « mortes ». Nombreuses parmi elles parlent avec émotion de la façon dont elles ont été reçues et soutenues par leurs êtres aimés dans le monde spirituel, exactement d'ailleurs, comme le décrivent les esprits.

– Question de Kardec (163) : L'âme en quittant le corps, a-t-elle immédiatement conscience d'elle-même ?

– Réponse des Esprits : « Conscience immédiate n'est pas le mot ; elle est quelque temps dans le trouble. »

Cet état de trouble ou de perturbation dont parlent les esprits est en rapport avec le degré d'avancement de l'esprit. Les personnes très attachées à la matière restent plus longtemps dans cet état de confusion ; les plus spirituelles récupèrent leur conscience plus rapidement. Mais, comme nous informe Kardec, presque toutes ont la sensation de se réveiller d'un très profond sommeil. Dans les cas de mort violente, cette perturbation peut durer encore plus longtemps car la personne a du mal à comprendre que son corps physique est mort. Pour elle, tout s'est passé tellement vite qu'elle n'a pas eu le temps de s'habituer à cette idée. Elle ne se sent pas « morte » parce qu'elle pense, elle écoute et elle voit tout ce qui se passe autour d'elle.

Pour ceux qui connaissent le Spiritisme tout peut se passer plus facilement ; le spirite sait comment tout ceci se produit, ce qui rend plus facile le processus. Mais les bons esprits nous avertissent toujours que le plus important pour mériter un bon réveil après sa mort, c'est de pratiquer le bien et d'avoir la conscience tranquille.

LA PLURALITE DES EXISTENCES

– Question de Kardec (166) : Comment l'âme, qui n'a point atteint la perfection pendant la vie corporelle, peut-elle achever de s'épurer ?

– Réponse des Esprits : « En subissant l'épreuve d'une nouvelle existence. »

La purification de l'âme dépend des nombreuses vies que chacun doit vivre. Après avoir quitté un corps par le processus de la mort, l'esprit a besoin de revenir et «d'occuper » un autre corps, dans une nouvelle vie sur terre pour continuer son processus d'évolution. A cela, nous donnons le nom de réincarnation. Les esprits nous enseignent que le but de la réincarnation est la correction de nos fautes et l'amélioration de l'Humanité.

A chaque incarnation nous faisons un pas en avant vers notre purification qui incontestablement arrivera un jour, après avoir vécu de nombreuses vies. Nous ne pouvons pas oublier que la longueur du chemin ne dépend que de nous. A la fin, nous n'aurons plus besoin de nous réincarner car nous serons de purs esprits comme nous le dit Allan Kardec.

La réincarnation est une grande preuve de la justice divine, car elle nous laisse toujours, même au pire être qui puisse exister, une porte ouverte au repentir. Si dans une vie nous commettons de graves erreurs, nous aurons l'opportunité de toutes les corriger dans les vies suivantes, par les épreuves et défis que nous allons vivre.

Dieu ne serait pas juste et bon s'il condamnait pour toujours ceux qui devant des épreuves n'ont pas su les surmonter. Parmi tant d'autres exemples, prenons le cas des personnes qui enfants, abandonnées par leurs parents, ont vécu dans la misère matérielle et morale, sans personne pour les éduquer et leur montrer le chemin du Bien et qui à l'âge adulte ont fini par commettre des actes contraires aux enseignements de Dieu. Comme nous tous, ayant commis aussi plein de fautes, ils auront de nouvelles opportunités.

– Question de Kardec (172) : Nos différentes existences corporelles s'accomplissent toutes sur la Terre ?

– Réponse des Esprits : «Non, pas toutes, mais dans les différents mondes : celle d'ici-bas n'est ni la première ni la dernière, et c'est une des plus matérielles et des plus éloignées de la perfection. »

Ici, nous comprenons que la Terre est juste l'un des mondes où nous vivons nos innombrables incarnations et qu'elle est loin d'être l'un de plus avancé. Nous apprenons avec les esprits, que selon les progrès que nous réalisons, nous pouvons vivre de nombreuses vies dans un même monde, quelques-unes dans un autre monde et d'autres vies encore dans d'autres mondes. Nous pouvons changer de monde au fur et à mesure que nous devenons meilleurs. Sur toutes les planètes où nous nous réincarnerons, nous serons toujours en processus d'évolution.

– Question de Kardec (181) : Les êtres qui habitent les différents mondes ont-ils des corps semblables aux nôtres ?

– Réponse des Esprits : «Sans doute, ils ont des corps, parce qu'il faut bien que l'Esprit soit revêtu de matière pour agir sur la matière ; mais cette enveloppe est plus ou moins matérielle selon le degré de pureté où sont arrivés les Esprits, et c'est ce qui fait la différence des mondes que nous devons parcourir ; car il y a plusieurs demeures chez notre Père et pour lors, plusieurs degrés. Les uns le savent et en ont conscience sur cette terre, et d'autres ne sont nullement de même. »

Kardec explique que le corps est plus grossier dans les mondes mois évolués. Dans ces mondes les besoins physiques sont plus primitifs. Un exemple : sur notre planète Terre nous avons besoin de détruire d'autres êtres (les plantes et les animaux) pour pouvoir nous alimenter.

Les êtres qui peuplent des mondes plus avancés,

grâce à leur plus grande évolution morale, possèdent un corps moins matériel que le nôtre et leurs sens sont plus perfectionnés. Dans ces mondes la pratique du mal envers son prochain ou à quoi que ce soit est inacceptable. L'égoïsme et les mauvais sentiments n'y existent pas. Donc, dans ces mondes il y a beaucoup moins de souffrances car les gens ne se font pas la guerre et n'ont pas peur de la mort.

Au fur et à mesure que les habitants de notre Terre évolueront, notre planète deviendra aussi l'un de ces mondes meilleurs. Et cela ne dépendra que de nous.

– Question de Kardec (197) : L'Esprit d'un enfant mort en bas âge est-il aussi avancé que celui de l'adulte ?

– Réponse des Esprits : «Quelques fois beaucoup plus, car il peut avoir beaucoup plus vécu et avoir plus d'expérience, si surtout il a progressé. »

Cela veut dire qu'un enfant qui meurt, ou se désincarne tout petit, peut être un esprit plus avancé que ses parents. Même si durant cette courte existence, l'enfant n'a pas eu le temps de pratiquer le bien ou le mal, sa vie a pu servir à « compléter » une vie antérieure qui s'est peut-être finie avant le temps prévu par Dieu. Sa mort peut aussi servir d'épreuve pour le progrès de ses parents.

D'ailleurs, la mort des petits enfants, fait relativement répandu, est une autre grande preuve de la réincarnation. Où se trouverait la justice divine qui permet à certains de mourir jeunes et d'aller directement au paradis ? Comme nous l'explique Kardec, seul le mérite peut nous apporter le bonheur et la réincarnation rend égales les chances pour tous.

– Question de Kardec (201) : L'Esprit qui a animé le corps d'un homme peut-il, dans une nouvelle existence, animer celui d'une femme, et réciproquement ?

– Réponse des Esprits : « Oui, ce sont les mêmes Esprits qui animent les hommes et les femmes. »

Nous apprenons ici que l'esprit n'a pas de sexe et qu'il peut s'incarner en tant qu'homme ou en tant que femme. De cette manière, si dans cette vie nous sommes du sexe féminin, nous allons éprouver les situations et les ressentis d'une femme. Si plus tard, nous nous réincarnons en tant qu'homme, nous vivrons des expériences typiques aux hommes. Notre progrès sera ainsi plus grand et nous apprendrons à respecter les deux sexes.

– Question de Kardec (204) : Puisque nous avons eu plusieurs existences, la parenté remonte-t-elle au-delà de notre existence actuelle ?

– Réponse des Esprits : «Cela ne peut pas être autrement. La succession des existences corporelles établit entre les Esprits des liens qui remontent à vos existences antérieures ; de là souvent des causes de sympathie entre vous et certains Esprits qui vous paraissent étrangers. »

Nos parents ne sont pas les mêmes d'une vie à l'autre, ce qui veut dire que nous avons eu des pères et des mères différents tout au long de nos vies passées. Nous pouvons avoir aujourd'hui un fils qui dans une vie antérieure a été notre frère, notre oncle, notre père ou notre grand-père. Il est possible d'avoir une grande affection envers quelqu'un qui n'est pas un parent par le sang, dans cette vie. La personne a pu être, dans une ou plusieurs vies passées, notre mère, par exemple.

D'une manière générale, la parenté se construit. Elle est fondée sur des liens unissant les esprits et qui se forment tout au long des incarnations. La réincarnation au lieu d'affaiblir, renforce l'amour familial car nous savons que nous sommes ensembles depuis des siècles et que probablement nous le serons encore pour beaucoup d'autres qui viendront. Nous pouvons aussi regarder certaines personnes qui nous sont proches, même si elles n'appartiennent pas à notre famille terrestre, comme de possibles parents de sang d'une de nos vies antérieures ou peut être d'une vie future.

Nous prenons connaissance d'une autre chose importante : l'héritage. Nous pouvons affirmer que le corps vient du corps mais que l'esprit ne vient pas de l'esprit. Cela veut dire que nous pouvons hériter de nos parents leurs caractéristiques physiques telles la couleur de la peau et des cheveux ou le format du nez. Par contre, les caractéristiques morales nous les héritons de nous-mêmes, d'une existence à l'autre.

Il est évident que l'éducation donnée par les parents à leurs enfants, peut et doit les influencer dans leur formation morale. D'ailleurs les esprits supérieurs disent que l'éducation est la mission principale du père et de la mère. C'est pour cela que de bons parents ont des enfants difficiles : leur mission est de les aider à devenir meilleurs.

– Question de Kardec (219): Quelle est l'origine des facultés extraordinaires des individus qui, sans études préalables, semblent avoir l'intuition de certaines connaissances comme les langues, le calcul, etc. ?

– Réponse des Esprits : «Souvenir du passé ; progrès antérieur de l'âme, mais dont lui-même n'est pas conscient. D'où veux-tu qu'elles viennent ? Le corps change, mais l'Esprit ne change pas, quoiqu'il change de vêtement. »

Nous avons tous entendu parler ou même connaissons-nous quelqu'un, qui tout petit déjà, a eu des aptitudes particulières pour apprendre une langue bien déterminée, pour peindre de beaux tableaux, ou encore pour assimiler des raisonnements très compliqués en mathématiques. Et pourtant, ce dernier n'a pas eu occasion d'étudier ces sujets qu'il domine si bien. Nombreux parmi eux sont appelés des enfants prodiges ou des surdoués. En fait, ce sont des esprits qui dans des vies passées ont développé ces facultés de manière spécifique, et qui dans la présente existence, s'en souviennent sans même en avoir conscience. Le fait est que l'esprit est toujours le même, il a peine « changé d'habit » à chaque incarnation.

LA VIE SPIRITE

– Question de Kardec (224) : Que devient l'âme dans l'intervalle des incarnations ?

– Réponse des Esprits : « Esprit errant qui aspire après sa nouvelle destinée ; il attend. »

Les Esprits nous enseignent que d'une manière générale, l'âme se réincarne quelque temps (plus ou moins long) après sa dernière vie. Dans les mondes supérieurs, la réincarnation s'effectue très rapidement.

Pendant que l'esprit n'est pas incarné, il attend sa nouvelle vie. Ce temps peut beaucoup varier : il peut être de quelques heures ou bien même de milliers de siècles ; mais un jour, l'esprit viendra à se réincarner. Ainsi, l'esprit errant a fini une existence et se trouve en attente d'une autre. Cependant, étant à des degrés d'évolution différents, les purs esprits ne sont pas des esprits errants car ils ne se réincarnent plus.

L'esprit errant étudie, travaille et essaye de faire des progrès. Il acquière de nouvelles connaissances qu'il va mettre en pratique dans ses futures incarnations.

– Question de Kardec (238) : Les perceptions et les connaissances des Esprits sont-elles indéfinies, en un mot, savent-ils toutes choses ?

– Réponse des Esprits : « Plus ils approchent de la perfection, plus ils savent ; s'ils sont supérieurs, ils savent beaucoup ; les Esprits inférieurs n'en savent pas plus que les hommes. »

Donc, seuls les esprits avancés peuvent avoir une certaine compréhension des principes qui régissent l'Univers. Et comme nous l'explique Kardec, ils se situent hors du temps, comme nous le connaissons. C'est-à-dire, la durée et le décompte du temps, pour eux, sont très différents de ceux que nous utilisons. Ce qui pour nous peut paraître très long (un siècle par exemple), pour ces esprits peut paraître très court. Selon leur élévation spirituelle, leur vision est beaucoup plus étendue que la nôtre ; ils arrivent à percevoir une partie de l'avenir, bien qu'ils ne sachent pas tout. Pour voir, ils n'ont pas besoin de lumière. Et, comme ils n'ont pas besoin d'organes physiques, ils peuvent voir simultanément plusieurs endroits différents ainsi qu'entendre des sons inaudibles à nos oreilles. Ils sont sensibles à la beauté et à la bonne musique (la musique du Ciel est infiniment plus belle que la nôtre), et ils n'éprouvent pas de souffrances d'ordre matériel comme des douleurs, du froid, de la chaleur et de la fatigue physique. Bien sûr, nous parlons ici d'esprits élevés. Parce que les autres peuvent ressentir toutes ces sensations désagréables qui pour eux sont très réelles bien qu'ils n'aient plus leur corps de matière.

- Question de Kardec (258) : A l'état errant, et avant de prendre une nouvelle existence corporelle, l'Esprit a-t-il la conscience et la prévision des choses qui lui arriverons pendant la vie ?

- Réponse des Esprits : « Il choisit lui-même le genre d'épreuves qu'il veut subir, et c'est en cela que consiste son libre arbitre. »

Nous comprenons par cette réponse que Dieu ne châtie personne. C'est nous-mêmes qui choisissons nos épreuves, et pour cela nous sommes responsables de nos actes et de leurs conséquences. Si pour un quelconque motif nous échouons à l'une ou plusieurs de nos épreuves, Dieu nous donne toujours une nouvelle opportunité de tout recommencer.

Ces choix sont faits en accord avec le style de fautes commises et toujours dans le but de progresser plus rapidement. Lorsque nous sommes dans le monde spirituel, nous comprenons mieux l'utilité de passer par ces épreuves contrairement à ce que nous pensons quand nous sommes incarnés.

Dans notre vie terrestre, il nous est très fréquent de nous plaindre de nos souffrances et souhaiter qu'elles n'aient pas lieu. Nous voulons que la vie ne soit que du bonheur et du divertissement. Mais lorsque nous sommes dans le monde des esprits, nous voyons en toute clarté les bénéfices que nous obtenons en vivant ces épreuves car elles nous apportent le progrès tant attendu. C'est comme si on étudiait toute l'année pour passer le BAC, laissant passer plusieurs fois l'occasion d'aller au cinéma ou simplement de sortir pour s'amuser afin d'atteindre le but si désiré.

Allan Kardec nous dit que la vie matérielle est une copie de la vie spirituelle car lorsque nous sommes incarnés, il nous faut abandonner certains plaisirs pour avoir ce que nous pensons être le plus important.

La vision de l'esprit est beaucoup plus large que celle de l'homme sur terre. Kardec nous l'explique de la façon suivante : un voyageur qui arrive au pied d'une montagne ne parvient pas à évaluer le chemin qu'il a parcouru. Le voyageur au sommet de la montagne, c'est l'esprit dans le monde spirituel, capable de percevoir beaucoup plus.

– Question de Kardec (269) : L'Esprit peut-il se tromper sur l'efficacité de l'épreuve qu'il choisit ?

– Réponse des Esprits : « Il peut en choisir une qui soit au-dessus de ses forces et, alors, il succombe ; il peut aussi en choisir une qui ne lui profite nullement, comme s'il cherche un genre de vie oisive et inutile ; mais alors, une fois rentré dans le monde des Esprits, il s'aperçoit qu'il n'a rien gagné et il demande à réparer le temps perdu. »

Ici, en d'autres mots, nous voyons que Dieu ne nous refuse jamais une autre chance. Si nous avons choisi une épreuve trop difficile et si nous échouons, nous aurons toujours une nouvelle occasion de recommencer. Cela n'arrive que lorsque nous ne tirons pas profit d'une incarnation et que nous n'avons pas réalisé suffisamment de progrès.

Par exemple, le choix d'une profession, appelée « vocation » car particulièrement importante dans la vie d'un jeune. De nombreuses fois, ceci correspond aux décisions prises par nous-mêmes avant de nous incarner et aux progrès faits dans nos vies antérieures. Nous remarquons que tout se trouve lié : nous sommes toujours le même esprit, incarné ou désincarné, suivant un chemin unique et personnel, choisi par nous-mêmes.

– Question de Kardec (275) : La puissance et la considération dont un homme a joui sur terre lui donnent-elles une suprématie dans le monde des Esprits ?

– Réponse des Esprits : « Non ; car les petits seront élevés et les grands abaissés. Lis les psaumes. »

Les postes, la position sociale et financière d'une personne sur terre ne se prolongent pas dans le Monde Spirituel. Parmi les esprits, l'autorité des uns sur les autres est liée à leur supériorité morale, au progrès qu'ils ont pu atteindre. Les esprits qui ont acquis un certain progrès spirituel, jouissent d'une autorité morale sur ceux qui ont moins progressé qu'eux.

Comme nous l'avons déjà vu, l'échelle des esprits est en rapport avec le degré de mérite de chacun. Des gens qui ont eu beaucoup de pouvoir sur terre, (des personnes très riches, des politiciens), peuvent appartenir (et cela se passe très fréquemment) à des catégories d'esprits moins élevés. Et comme nous l'apprennent les bons esprits, un employé pauvre et humble peut être un esprit d'une grande élévation morale et même intellectuelle.

– Question de Kardec (279) : Tous les Esprits ont ils réciproquement accès les uns parmi les autres ?

– Réponse des Esprits : « Les bons vont partout, et il faut qu'il en soit ainsi pour qu'ils puissent exercer leur influence sur les mauvais ; mais les régions habitées par les bons sont interdites aux Esprits imparfaits, afin que ceux-ci ne puissent y apporter le trouble des mauvaises passions. »

Les bons esprits ont pour mission d'aider les esprits qui en éprouvent le besoin. Donc, ils sont libres de se déplacer quel que soit l'endroit où ils se trouvent. Quant aux mauvais esprits, qui de nombreuses fois tentent d'empêcher les esprits sans expérience et un peu naïfs de progresser, trouvent leur action limitée à certaines régions. La communication des esprits supérieurs ne se fait pas par la parole, qui est matérielle. Le fluide universel établit entre eux une communication constante. Il est le véhicule de la transmission de la pensée, comme l'air est pour nous le véhicule du son. De cette façon, certains esprits peuvent aussi correspondre entre eux d'un monde à l'autre.

Les esprits montrent qu'ils sont des êtres individuels et distincts les uns des autres par leur périsprit (leur corps dans l'Au-delà), comme lorsqu'ils avaient leur corps matériel sur terre. De cette façon, après notre désincarnation, nous reconnaîtrons les personnes avec qui nous avons vécu sur terre.

- Question de Kardec (289) : Nos parents et nos amis viennent-ils quelques fois à notre rencontre quand nous quittons la terre ?

- Réponse des Esprits : «Oui ils viennent au devant de l'âme qu'ils affectionnent ; ils la félicitent comme un retour d'un voyage, si elle a échappé aux dangers de la route, et l'aident à se dégager des liens corporels. C'est une faveur pour les bons Esprits quand ceux qui les ont affectionnés viennent à leur rencontre, tandis que celui qui est souillé reste dans l'isolement, ou n'est entouré que d'Esprits semblables à lui : c'est une punition. »

Notre arrivée au monde spirituel après notre

désincarnation, dépend totalement de la vie que nous avons vécue. Les esprits dont la bonté prédomine, sont reçus par leurs parents et amis qui ont le cœur en fête car ils les attendent depuis longtemps. Par contre, ceux qui ont choisit le chemin du mal sont isolés avec d'autres de pareil comportement.

Il est toujours important de rappeler que de notre choix pendant notre vie sur terre, dépend notre situation après la « mort ». L'option c'est nous qui la faisons.

– Question de Kardec (291) : Outre la sympathie générale de similitude, les Esprits ont-ils entre eux des affections particulières ?

– Réponse des Esprits : «Oui, comme les hommes, mais le lien qui unit les Esprits est plus fort quand le corps est absent, parce qu'il n'est plus exposé aux vicissitudes des passions. »

Les esprits qui se ressemblent en degré d'évolution s'attirent et s'estiment. Cette estime qui existe chez les esprits désincarnés est beaucoup plus grande, parce qu'ils sont libérés du corps matériel qui éprouve encore des besoins et des désirs, dérangeant très fréquemment les rapports entre les personnes.

Mais les esprits savent aussi haïr. Ce sont les esprits impurs qui se haïssent entre eux et aussi ceux qui sont encore incarnés. Ils font tout pour que les personnes se disputent et pour qu'elles soient malheureuses.

Mais la haine n'est pas la règle pour tous. Il peut arriver à des personnes ennemies lorsqu'elles étaient incarnées, que la « mort » leur apporte la compréhension des raisons qui les ont amenées à se disputer. Elles se rendent compte qu'elles n'avaient pas l'importance qu'elles leur accordaient et elles finissent par se réconcilier.

Dans certains cas, les mauvais souvenirs de méchantes actions peuvent provoquer l'éloignement de celui qui en a souffert. Par contre, s'il est bon il peut pardonner. Mais il y des esprits qui se sentent tellement éprouvés par certaines mauvaises conduites subies sur terre, qu'ils décident de se venger. Et ils poursuivent très longtemps et même dans de nouvelles existences ceux qu'ils considèrent comme leurs ennemis. Mais cela ne peut se produire qu'avec des gens qui méritent vraiment cette persécution.

– Question de Kardec (299) : Dans quel sens doit-on entendre le mot moitié dont certains Esprits se servent pour désigner les Esprits sympathiques ?

– Réponse des Esprits : «L'expression est inexacte ; si un Esprit était la moitié d'un autre, séparé de celui-ci, il serait incomplet.»

Plus les esprits sont élevés, plus ils sont unis et plus grand est leur bonheur. Kardec nous apprend que la célèbre et si populaire théorie «des deux moitiés de l'orange » selon laquelle chacun de nous, pour être complet, serait une sorte de moitié d'un tout bien déterminé, est incorrecte. Et cela parce que nous sommes déjà entiers et nous n'avons aucun besoin d'une pièce qui vienne nous compléter. Ce que nous devons tous faire, c'est évoluer vers la perfection.

Bien sûr, des esprits sont plus sympathiques à certains plutôt qu'à d' autres. Un esprit quittant les régions inférieures ne sympathise plus de la même façon avec ses compagnons d'avant qui n'ont pas évolué de manière identique ; il ne s'identifie plus avec leur façon d'être et d'agir. La sympathie entre esprits s'identifie aux ressemblances des sentiments, des pensées et des tendances vers le bien ou vers le mal.

Lorsque tous les esprits auront atteint la perfection, ils seront tous sympathiques les uns envers les autres.

– Question de Kardec (304) : L'Esprit se souvient-il de son existence corporelle ?

– Réponse des Esprits : «Oui, c'est-à-dire qu'ayant vécu plusieurs fois comme homme, il se rappelle ce qu'il a été, et je t'assure que, parfois, il rit de pitié de lui-même. »

Généralement, lorsque nous sommes libres de la prison de notre corps, nous accédons à une meilleure compréhension des choses. Nous rions de nous-mêmes lorsque nous nous souvenons avoir donné tant d'importance à des actes insensés commis de notre vivant, à des « enfantillages ».

Après la mort, petit à petit, nous nous rappelons de notre dernière existence matérielle et de d'autres vies antérieures. Nous prenons surtout conscience de tout ce qui a vraiment été important pour nous et qui a été utile à notre apprentissage. A cet instant, nous voyons les vrais objectifs de l'existence et nous comprenons qu'il est nécessaire de nous purifier pour atteindre l'infini.

– Question de Kardec (309) : Comment l'Esprit considère-t-il le corps qu'il vient de quitter ?

– Réponse des Esprits : «Comme un mauvais habit qui le gênait et dont il est heureux d'être débarrassé. »

Après une journée bien remplie, nous arrivons à la maison, fatigués. C'est un plaisir pour nous, d'enlever nos vêtements de travail et de nous mettre dans une tenue plus décontractée. Telle est la sensation que vit l'esprit lorsqu'il quitte son corps physique, au moment de sa désincarnation. Pour lui, c'est un soulagement que de se libérer de son corps qui l'entrave et qui le dérange et qui n'a plus d'utilité.

– Question de Kardec (312) : Les Esprits conservent-ils le souvenir des souffrances qu'ils ont endurées pendant leur dernière existence corporelle ?

– Réponse des Esprits : «Souvent, ils le conservent, et ce souvenir leur fait mieux sentir le prix de la félicité dont ils peuvent jouir comme Esprits. »

Lorsque nous mourrons, nous continuons à nous souvenir des bons et des mauvais moments passés sur terre. Cependant, lorsque nous pensons aux souffrances vécues, nous sommes heureux de constater que nous en sommes libérés et que nous nous trouvons dans une nouvelle dimension existentielle en ayant à notre portée, un bonheur plus complet. Si nous faisons la comparaison entre ce bonheur et les plaisirs terrestres, ces derniers nous semblent insignifiants.

Dans le monde des esprits, beaucoup de nos concepts et de nos idées, changent totalement. Nous percevons les choses différemment et nous les comprenons avec autre point de vue, beaucoup plus étendu et réaliste. Plus l'esprit est pur, plus il est dématérialisé, plus grands sont ses changements et plus élargie est sa compréhension des choses.

– Question de Kardec (320) : Les Esprits sont-ils sensibles au souvenir de ceux qu'ils ont aimés sur la terre ?

– Réponse des Esprits : « Beaucoup plus que vous ne pouvez le croire ; ce souvenir ajoute à leur bonheur s'ils sont heureux ; et s'il sont malheureux, il est pour eux un adoucissement. »

Nous pouvons et nous devons nous rappeler de nos êtres chers qui sont déjà partis. Ces souvenirs sont une preuve d'amour et leur apportent une immense joie.

Nous pouvons penser à eux, plus spécialement le jour de la Toussaint, mais en réalité le jour n'a aucune importance, de même que rendre visite à leur tombe ou prier pour eux dans un endroit quelconque. Ce qui les rend heureux, c'est la pensée que nous leur adressons.

RETOUR A LA VIE CORPORELLE

– Question de Kardec (331) : Tous les Esprits se préoccupent-ils de leur réincarnation ?

– Réponse des Esprits : « Il en est qui n'y songent nullement, qui même ne la comprennent pas ; cela dépend de leur nature plus ou moins avancée. Pour quelques uns l'incertitude où ils sont de leur avenir est une punition. »

La réincarnation est une nécessité de la vie spirituelle. Donc, tant que nous n'avons pas atteint la perfection nous devons encore nous réincarner et comme toujours nous devrons « mourir » lorsque nous serons « vivants ».

De la même façon que sur terre nous savons que nous allons mourir un jour, dans le monde spirituel nous savons que nous devrons nous réincarner un jour. Et pourtant, nombreux sont ceux qui n'y pensent pas. Combien parmi nous qui sachant qu'ils mourront un jour, pensent vraiment à la mort ?

– Question de Kardec (335) : L'Esprit a-t-il le choix du corps dans lequel il doit entrer, ou seulement du genre de vie qui doit lui servir d'épreuve ?

– Réponse des Esprits : « Il peut aussi choisir le

corps, car les imperfections de ce corps sont pour lui des épreuves qui aident à son avancement s'il dompte les obstacles qu'il y rencontre, mais le choix ne dépend pas toujours de lui ; il peut demander. »

Il y a des cas où l'esprit choisit exprès un corps imparfait pour se réincarner. Ces imperfections vont lui donner une occasion de progresser plus rapidement dans cette existence et d'obtenir l'apprentissage dont il a besoin. Mais c'est Dieu qui détermine quel corps nous méritons, donc c'est à Lui d'accepter ou non notre demande. Bien souvent, il se passe même le contraire. Il sera imposé à un esprit peu évolué un corps qui le fera passer par des épreuves et des expiations qu'il a besoin de vivre, même s'il n'est pas d'accord. En dernière analyse, c'est à la sagesse divine de décider ce qui est le meilleur pour nous.

 — Question de Kardec (339) : Le moment de l'incarnation est-il accompagné d'un trouble semblable à celui qui a lieu à la sortie du corps ?

 — Réponse des Esprits : «Beaucoup plus grand et surtout plus long. A la mort, l'Esprit sort de l'esclavage ; à la naissance il y rentre. »

Cette réponse nous démontre que maintes fois la réalité des choses est contraire à ce que nos yeux matériels peuvent apercevoir. Naître est en réalité aller en prison ; mourir c'est se libérer de cette prison. Donc, la perturbation ressentie par un esprit qui se prépare à se réincarner est beaucoup plus grande que celle de celui qui quitte son corps par l'intermédiaire de la « mort ».

Kardec ajoute que la mort du corps est pour l'esprit une renaissance, et que la réincarnation est une sorte de mort.

– Question de Kardec (344) : A quel moment l'âme s'unit-elle au corps ?

– Réponse des Esprits : «L'union commence à la conception, mais elle n'est complète qu'au moment de la naissance. Au moment de la conception, l'Esprit désigné pour habiter tel corps y tient par un lien fluidique, qui va se resserrant de plus en plus jusqu'à l'instant où l'enfant voit le jour ; le cri qui s'échappe alors de l'enfant annonce qu'il fait nombre parmi les vivants et les serviteurs de Dieux. »

Ici, nous comprenons que la vie existe dès le moment de la fécondation de l'ovule de la femme par le spermatozoïde de l'homme. Le lien fluidique (il s'agit d'une liaison énergétique) qui lie l'esprit à la matière s'établit, à ce moment précis, où l'esprit qui va habiter ce futur corps commence à s'y attacher.

Donc, on peut conclure que l'avortement, même quand il est pratiqué en début de grossesse, stoppe le parcours de l'esprit et l'empêche de se réincarner dans ce corps (qui lui était destiné) et de vivre l'existence programmée pour lui. Donc, l'avortement est un crime, un acte avec de graves conséquences, et pour la maman et pour l'esprit, qui ne doit jamais être pratiqué. Les bons esprits conçoivent l'avortement lorsque la vie de la mère est en danger, et par la grossesse et par la naissance du bébé.

Le lien fluidique qui commence au moment de la fécondation devient plus fort au fur et à mesure que la grossesse avance. Lorsqu'il y a l'union du spermatozoïde et de l'ovule, l'esprit devient un peu confus, et cette sensation, il la garde jusqu'à sa naissance. Pendant cette période, il est plongé dans un état qui ressemble au sommeil où ses souvenirs, petit à petit, s'éteignent.

– Question de Kardec (367) : L'Esprit, en s'unissant au corps, s'identifie-t-il avec la matière ?

– Réponse des Esprits : «La matière n'est que l'enveloppe de l'Esprit, comme l'habit est l'enveloppe du corps. L'Esprit, en s'unissant au corps, conserve les attributs de la nature spirituelle. »

Donc, les hommes bons ne sont que de bons esprits habitant un corps. Les esprits imparfaits qui se réincarnent deviennent des hommes qui pratiquent encore de mauvais actes par ignorance des lois de la Vie.

Le corps matériel est comme un habit que l'esprit utilise pour s'incarner et qui lui sert pour vivre dans le monde physique. L'esprit sera plus à son aise dans ses actions selon l'état des organes qui sont les outils de sa manifestation. Par exemple : si les cordes vocales de son corps sont abîmées, l'esprit sera empêché de se manifester dans le monde matériel, par l'intermédiaire de la parole. Et pourtant, en tant qu'esprit, il n'est pas muet. A ce sujet, les bons esprits nous demandent de ne pas confondre l'effet avec la cause. En nous parlant de cela, qu'en veulent-ils nous dire ?

Contrairement à ce que pensent de nombreuses personnes, le cerveau physique ne détermine pas l'intelligence et les qualités morales de la personne. Il est que l'outil dont l'esprit fait usage pour manifester son intelligence et ses qualités dans sa vie sur terre. Lorsqu'il tombe sérieusement malade, une personne peut ne plus arriver à communiquer, à parler, à écouter et même à raisonner. Mais l'esprit reste toujours entier. Par contre il ne pourra plus s'exprimer par intermédiaire de son cerveau.

Faisons une comparaison un peu grossière : si ma télévision se casse, elle ne pourra plus transmettre des images et des sons. Mais ces images et ces sons continuerons à exister parfaitement dans l'espace, sous la forme d'ondes.

– Question de Kardec (383) : Qu'elle est pour

l'Esprit, l'utilité de passer par l'état d'enfance ?

– Réponse des Esprits : «L'Esprit s'incarnant en vue de se perfectionner, est plus accessible, pendant ce temps, aux impressions qu'il reçoit et qui peuvent aider à son avancement, auquel doivent contribuer ceux qui sont chargés de son éducation. »

L'enfance est utile et nécessaire pour l'esprit incarné. C'est une période où nous apprenons beaucoup, car nous sommes ouverts aux impressions du monde et aux influences que nous recevons. D'où l'immense importance de la mission des parents ou des tuteurs, car ce sont eux qui contribuent à notre amélioration, à la correction de nos mauvaises tendances et au perfectionnement de nos qualités acquises auparavant. Tout cela se passe par l'éducation.

Dans l'enfance, l'esprit se trouve comme dans une période de repos, car ses organes du corps physique ne sont pas complètement développés. A partir de l'adolescence, l'esprit reprends sa véritable nature et se présente tel qu'il est. Il commence à révéler sa vraie façon d'être, celle acquise tout au long de ses nombreuses incarnations.

La si célèbre innocence des enfants, est particulièrement bien expliquée dans « Le Livre des Esprits ». C'est une couverture temporaire cachant l'être véritable habitant un corps qui grandit. Et elle est aussi d'une autre grande utilité : réveiller avec plus de facilité l'amour et la tendresse des adultes, spécialement ceux des parents dont l'enfant a tant besoin de soin et de protection.

– Question de Kardec (392) : Pourquoi l'Esprit incarné perd-il le souvenir de son passé ?

– Réponse des Esprits : « L'homme ne peut ni ne doit tout savoir ; Dieu le veut ainsi dans sa sagesse. Sans le voile qui lui couvre certaines choses, l'homme serait ébloui, comme celui qui passe sans transition de l'obscurité à la lumière. Par l'oubli du passé il est plus lui-même.

Il est certain que dans des circonstances normales, nous n'avons aucun souvenir des évènements vécus ni de leur déroulement dans nos vies antérieures. Cet oubli nous aide à notre élévation, car il nous rend plus facile le rachat de nos dettes. Ce qui nous serait impossible si nous nous rappelions de tout.

Prenons un exemple : une personne a eu un grand ennemi dans une vie antérieure. Les deux individus se sont haïs et se sont fait beaucoup de mal. Dans l'incarnation suivante, cet ennemi renaît et devient le fils de cette personne. Si l'un d'eux ou bien les deux pouvaient se souvenir de tout ce qui leur est arrivé, ils se réconcilieraient difficilement et n'apprendraient pas à s'aimer en tant que père et fils, perdant ainsi l'occasion de résoudre leurs problèmes du passé.

D'un autre côté, la personne conserve une certaine intuition des événements de ses vies antérieures. Il s'agit là d'un avertissement de sa conscience, qui tente de l'empêcher de retomber dans les mêmes erreurs et la pousse à agir correctement, cette fois-ci.

Dans les mondes supérieurs, l'oubli du passé est de moins en moins nécessaire ; les esprits plus élevés se rappellent très clairement de leurs existences antérieures.

Allan Kardec nous explique qu'avant de se réincarner l'esprit choisit ses épreuves. S'il les réussit, il aura un prix : le progrès. S'il les rate, il devra recommencer. L'esprit peut arrêter son processus d'évolution, mais il ne rétrograde jamais.

EMANCIPATION DE L'AME

– Question de Kardec (401) : Pendant le sommeil, l'âme se repose-t-elle comme le corps ?

– Réponse des Esprits : « Non, l'Esprit n'est jamais inactif. Pendant le sommeil, les liens qui l'unissent au corps sont relâchés, et le corps n'ayant pas besoin de lui, il parcourt l'espace, et entre en relation plus directe avec les autres Esprits. »

Pendant le sommeil, seul le corps dort. L'esprit continue, en pleine activité. Les esprits nous expliquent que lorsque nous dormons nous sommes provisoirement dans le même état que celui dans lequel nous restons de façon permanente après notre mort. C'est-à-dire, l'esprit se libère partiellement du corps et peut se souvenir de ses vies antérieures et parfois même prévoir l'avenir. Il peut aussi communiquer avec d'autres esprits, incarnés ou désincarnés, et tout cela lui laisse l'impression qu'il a rêvé.

Les esprits plus élevés, durant le repos de leur corps physique, entrent en relation avec d'autres esprits supérieurs. Ils voyagent, dialoguent, s'instruisent et travaillent. Dormir, c'est donc comme mourir tous les jours. Si nous n'avons pas peur de nous endormir, pourquoi avons-nous peur de mourir ?

L'existence des esprits durant leur sommeil et après leur mort, varie selon le progrès individuel de chacun. Les plus inférieurs partent en visite dans des zones inférieures de notre Terre. Ils y rencontrent d'autres esprits, comme eux, avec qui ils ont des affinités et ils pratiquent des activités moins nobles.

Le rêve est le souvenir du vécu de l'esprit durant son sommeil, comme nous l'apprend « Le Livre des Esprits ». Mais, pourquoi ne rêvons-nous pas en permanence ? La vérité c'est que nous ne gardons pas toujours souvenir de nos rêves, ou bien, ils ne nous sont pas très clairs : nous ne nous les rappelons pas en intégralité Et ce, car quelquefois, durant notre sommeil, nous fréquentons des régions étranges et inconnues. De plus, nos organes matériels ne sont pas conçus pour garder certaines impressions vécues pendant le sommeil. Cela explique en partie, les rêves absurdes que nous faisons. En sachant que ces rêves un peu fous peuvent être provoqués par de mauvais esprits qui profitent de notre sommeil pour nous tourmenter. Cependant, ceci se passe uniquement quand d'une certaine façon nous le méritons.

La séparation, par le sommeil, de notre esprit d'avec notre corps physique, rend plus facile la tâche aux bons esprits voulant nous transmettre quelques idées, qui au moment du réveil, nous laissent penser qu'elles nous appartiennent. Nous pouvons même avoir des pressentiments de l'heure, de l'endroit et des circonstances, de notre mort.

Il faut savoir également qu'un surcroît d'activités de l'esprit, peut fatiguer le corps car ils sont toujours liés l'un à l'autre.

– Question de Kardec (414) : Deux personnes qui se connaissent, peuvent-elles se visiter pendant le sommeil ?

– Réponse des Esprits ; «Oui, et beaucoup d'autres qui croient ne pas se connaître se réunissent et se parlent. Tu peux avoir, sans t'en douter, des amis dans un autre pays. Le fait d'aller voir, pendant le sommeil, des amis, des parents, des connaissances, des gens qui peuvent vous être utiles, est tellement fréquent, que vous l'accomplissez vous-mêmes presque toutes les nuits.»

Lorsque nous dormons, notre vie sociale est très intense. Nous rencontrons des personnes incarnés, comme nous, qui dorment aussi et avec lesquelles nous cherchons des solutions à des problèmes. Ainsi, nous nous aidons mutuellement. Même si nous ne gardons pas de souvenir de ces rencontres, elles nous sont très utiles. Nous avons l'intuition des choses qui se sont passées et allons tirer profit des idées surgies dans ces rencontres.

INTERVENTION DES ESPRITS DANS LE MONDE CORPOREL

– Question de Kardec (457) : Les Esprits peuvent-ils connaître nos plus secrètes pensées ?

– Réponse des Esprits : «Souvent ils connaissent ce que vous voudriez vous cacher à vous-même ; ni actes, ni pensées ne peuvent leur être dissimulés. »

Les esprits peuvent voir tout ce que nous faisons. Plus que cela : ils peuvent connaître nos pensées les plus secrètes. Mais ils ne font attention seulement qu'à celles qui les intéressent. Lorsque nous pensons agir en cachette, il est bon de se souvenir qu'il peut y avoir des esprits qui sont en train de nous observer.

De plus, les esprits nous influencent beaucoup dans nos actes et dans nos pensées. Leurs suggestions se mêlent avec nos pensées et dans la majorité des cas, il est difficile de séparer ce qui nous appartient de ce qui nous a été suggéré. Mais il nous est facile de savoir si la suggestion vient d'un bon ou d'un mauvais esprit. Les bons esprits n'inspirent que de bons conseils et de bonnes idées. Les mauvaises inspirations ne peuvent venir que de mauvais esprits.

Pourquoi les mauvais esprits veulent que nous

pratiquions le mal ? Parce qu'ils sont jaloux et ne supportent pas de nous voir bien et heureux ; ils veulent nous éloigner de Dieu. Dieu leur permet d'agir de cette façon car ils sont, d'une certaine manière des instruments pour notre progrès. Ils servent à tester notre foi et notre attachement au bien.

Nous ne sommes jamais seuls, bien au contraire : les bons esprits sont toujours à nos cotés, nous inspirant de bonnes pensées. Donc, nous pouvons être sûrs que le choix de nos compagnons spirituels nous appartient. Nous attirons les bonnes ou les mauvaises influences spirituelles et cela dépend de nos pensées. La pratique du bien est la meilleure manière d'éloigner les mauvais esprits et d'en attirer les bons.

– Question de Kardec (489) : Y a-t-il des Esprits qui s'attachent à un individu en particulier pour le protéger ?

– Réponse des Esprits : «Oui, le frère spirituel ; c'est ce que vous appelez le bon Esprit ou le bon génie.»

Il s'agit de notre ange gardien, qui est un esprit protecteur appartenant à une catégorie spirituelle plus élevée. Sa mission est de nous aider dans la pratique du bien. Il nous stimule, nous réconforte, nous protège, comme le font les bons parents avec leurs enfants. Il s'occupe de nous dès notre naissance et tout au long de notre vie. Bien souvent, il nous accompagne après notre désincarnation et pendant plusieurs existences.

Lorsque nous choisissons d'accepter l'influence des mauvais esprits (ce qui se passe lorsque nous pratiquons le mal), il ne nous abandonne pas totalement. Bien sûr, dans ce cas il s'éloigne un peu, mais il continue à nous inspirer le bien.

Savoir que nous avons à nos côtés ce cadeau de Dieu, nous réconforte beaucoup. C'est un ami qui nous soutient dans les moments difficiles et qui nous donne des forces pour résister au mal. Dans « Le Livre des Esprits », les Esprits Saint Louis et Saint Augustin nous conseillent de maintenir cette importante relation d'intimité avec notre ange gardien. Nous devons être toujours prêts à l'écouter et ne jamais oublier de l'évoquer et de lui demander sa protection dans tous les moments de la vie. Nous ne pouvons rien lui cacher car il nous connaît très bien. Il se réjouit de notre progrès et s'attriste de nos erreurs.

Il est aussi important de remarquer que nous avons notre libre arbitre, ce qui veut dire que la décision finale, nous appartient. Notre ange gardien peut nous inspirer et nous conseiller, il prie toujours pour nous, mais le choix du chemin est exclusivement le nôtre.

– Question de Kardec (522) : Le pressentiment est toujours un avertissement de l'Esprit protecteur ?

– Réponse de Kardec : « Le pressentiment est le conseil intime et occulte d'un Esprit qui vous veut du bien. Il est aussi dans l'intuition du choix que l'on fait ; c'est la voix de l'instinct. L'Esprit, avant de s'incarner, a connaissance des principales phases de son existence, c'est-à-dire, du genre d'épreuves dans lesquelles il s'engage ; lorsque celles-ci ont un caractère saillant, il en conserve une sorte d'impression dans son for intérieur, et cette impression qui est la voix de l'instinct, se réveillant lorsque le moment approche, devient pressentiment. »

Nous avons presque tous eu des pressentiments : une impression plus ou moins vague de quelque chose qui allait se passer. Les esprits nous apprennent que ce pressentiment peut être le conseil d'un esprit ami, un avertissement nous préparant à quelque chose de grave qui va arriver.

Ils disent aussi que ce pressentiment peut venir de nous-mêmes. Et cela, parce que avant notre incarnation nous connaissons les épreuves auxquelles nous allons être confrontés.

Cette connaissance peut nous laisser une impression si forte qu'elle nous accompagne dans notre vie corporelle. Cette impression qui n'est que les souvenirs de l'esprit, nous arrive sous la forme de pressentiment.

– Question de Kardec (525) : Les Esprits exercent-ils une influence sur les événements de la vie ?

– Réponse des Esprits : « Assurément, puisqu'ils te conseillent. »

Nous savons déjà que nous sommes conseillés continuellement par nos anges gardiens et par d'autres bons esprits. Ils peuvent aussi nous aider pour certaines choses qui seront bonnes pour nous, d'une façon plus concrète. Ce genre d'aide n'est ni fantastique ni surnaturel. Kardec nous l'explique : les esprits peuvent faire en sorte que deux personnes se rencontrent (elles penserons qu'il s'agit du fruit du hasard) ; ou que l'on fasse attention à quelque chose qui aurait pu passer inaperçu et qui aura une grande importance pour nous. Mais il n'est jamais trop important de se rappeler que le libre arbitre est au-dessus de tout : le choix final nous appartient toujours.

En plus, les bons esprits qui nous inspirent le font en respectant les Lois Divines, qu'ils ne contrarient jamais. Comme nous dit « Le Livre des Esprits », ce que Dieu veut arrive toujours.

– Question de Kardec (530) : Les Esprits légers et moqueurs ne peuvent-ils susciter ces petits embarras qui viennent à la traverse de nos projets et dérouter nos prévisions ; en un mot, sont-ils les auteurs de ce que l'on appelle vulgairement les petites misères de la vie humaine ?

– Réponse des Esprits : « Ils se plaisent à ces tracasseries qui sont pour vous des épreuves afin d'exercer votre patience ; mais ils se lassent quand ils voient qu'ils ne réussissent pas. Cependant il ne serait ni juste ni exacte de les charger de tous vos mécomptes, dont vous-mêmes êtes les premiers artisans par votre étourderie ; car crois bien que si ta vaisselle se casse, c'est plutôt le fait de ta maladresse que celui des Esprits.

Ces esprits inférieurs, que Kardec qualifie de légers et de moqueurs, adorent nous causer des embarras et ils peuvent beaucoup déranger notre vie. Mais ces tracas nous arrivent seulement s'ils sont la conséquence de notre comportement ou si nous devons vraiment les vivre. En fait, il s'agit d'épreuves pour mesurer notre patience et nous les subissons seulement si nous les méritons.

Sinon, ces esprits légers finissent par se fatiguer et nous laisser en paix car ils ne voient pas de résultat à leurs sottises.

Il faut aussi bien attirer notre attention sur ce qui est d'origine spirituel et sur ce qui vient de nous. La réponse des esprits est bien claire : la majorité de nos problèmes est le résultat de notre propre et exclusive faute.

Quant aux incarnés qui nous ont fait du mal sur Terre, de nombreux parmi eux restent nos ennemis même après leur mort. Nous devons prier pour eux et rendre le bien pour le mal. S'ils n'ont pas de raison de nous haïr, un jour, ils comprendront qu'il s'agit d'une injustice ; et lorsqu'ils se rendent compte qu'ils ne nous atteignent pas, ils finissent par s'éloigner. Mais s'ils ont raison, un jour il va nous falloir leur rendre compte.

– Question de Kardec (551) : Un homme méchant peut-il, à l'aide d'un mauvais Esprit qui lui est dévoué, faire du mal à son prochain ?

– Réponse des Esprits : « Non, Dieu ne le permettrait pas. »

Un homme voulant pratiquer le mal contre quelqu'un d'autre peut demander de l'aide à des esprits inférieurs. Mais celui qui est la cible de sa méchanceté, s'il ne le mérite pas, par l'action de sa volonté, est capable de faire en sorte que rien ne l'atteigne.

N'oublions pas non plus que les esprits inférieurs appelés par quelqu'un dans le but de l'aider à pratiquer le mal, le feront payer très cher pour ce service.

OCCUPATIONS ET MISSIONS DES ESPRITS

– Question de Kardec (558) : Les Esprits ont-ils autre chose à faire qu'à s'améliorer personnellement ?

– Réponse des Esprits : «Ils concourent à l'harmonie de l'univers en exécutant les volontés de Dieu dont ils sont les ministres. La vie spirite est une occupation continuelle, mais qui n'a rien de pénible comme sur terre, parce qu'il n'y a ni fatigue corporelle ni les angoisses du besoin. »

Tous les esprits, supérieurs ou inférieurs ont quelque chose à faire, une tâche à accomplir. Tous se maintiennent toujours occupés et pour les esprits supérieurs, ces occupations (à l'inverse de ce qui se passe sur Terre), ne les laissent ni fatigués ni ne leur apportent du stress.

Tous les esprits doivent vivre des expériences dans divers mondes et endroits pour obtenir un plus grand nombre de connaissances ; et pour chacun, cela se passe en temps voulu. Tous les esprits doivent monter chaque marche de l'échelle de l'évolution en vue de leur perfectionnement. Ce progrès se fait par l'intermédiaire de la connaissance acquise par notre propre effort individuel et par les expériences cumulées.

Même les esprits les plus élevés ne restent pas au repos : leur fonction est d'être des intermédiaires de Dieu, faisant en sorte que Ses lois s'accomplissent dans l'Univers. Et ils se réjouissent de leur mission car ils se plaisent en étant utiles.

Les occupations et les missions des esprits de degrés d'élévation les plus divers, sont toujours en accord avec le progrès qu'ils ont accompli. A chacun est donné une tâche qu'il est en mesure de réaliser.

Les bons esprits participent au progrès de toute l'humanité, de tous les peuples et de chaque individu. Ils peuvent veiller un malade ou des personnes qui s'approchent de la mort. Ils aident les gens qui souffrent, ils conseillent et inspirent de bonnes pensées à tous. Bien sûr, cela les fait aussi progresser.

LES TROIS REGNES

– Question de Kardec (585) : Que pensez-vous de la division de la nature en trois règnes, ou bien en deux classes les êtres organiques et les êtres inorganiques ? Quelques uns font de l'espèce humaine une quatrième classe. Laquelle de ces divisions est préférable ?

– Réponse des Esprits : « Elles sont toutes bonnes ; cela dépend du point de vue. Sous le rapport matériel, il n'y a que des êtres organiques et des êtres inorganiques ; au point de vue moral, il y a évidemment quatre degrés. »

Kardec nous les explique :

– le premier degré, serait la matière inerte ou royaume minéral.

– le deuxième degré, serait les plantes ou le royaume végétal. Elles possèdent de la vitalité.

– le troisième degré serait les animaux irrationnels, qui en plus de la vitalité, ont l'instinct.

– le quatrième degré serait l'homme, qui en plus de la vitalité et de l'instinct, possède l'intelligence qui lui donne la conscience de son avenir et la perception des choses au-delà de la matière ainsi que la connaissance de Dieu.

– Question de Kardec (595) : Les animaux ont-ils le libre arbitre de leurs actes ?

– Réponse des Esprits : « Ce ne sont pas de simples machines, comme vous le croyez ; mais leur liberté d'action est bornée à leurs besoins, et ne peut se comparer à celle de l'homme. Etant de beaucoup inférieurs à lui, ils n'ont pas les mêmes devoirs. Leur liberté est restreinte aux actes de la vie matérielle. »

Les esprits nous enseignent que les animaux ont une âme. Cet âme est inférieure à celle de l'homme mais elle survit à la mort du corps matériel. Elle garde son individualité dans le monde spirituel mais n'a pas (contrairement à l'homme) la conscience d'elle-même.

Les animaux n'ont pas de libre arbitre. Après leur mort, leur esprit reste peu de temps dans le monde des esprits. Ils ne peuvent pas être considérés comme des esprits errants car ils ne pensent ni agissent de leur propre gré et ne conservent pas la conscience de leur individualité.

Comme les hommes, ils subissent la loi du progrès. Les bons esprits nous racontent que dans les mondes plus perfectionnés que la Terre, les hommes et les animaux sont plus évolués. Mais comme nous dit Kardec, ce qui fait que les hommes sont toujours supérieurs aux animaux, c'est le principe intellectuel et moral.

– Question de Kardec (607) : Il a été dit que l'âme de l'homme, à son origine est l'état de l'enfance à la vie corporelle, que son intelligence éclôt à peine, et qu'elle s'essaye à la vie (190) ; où l'Esprit accomplit-il cette première phase ?

– Réponse des Esprits : «Dans une série d'existences qui précèdent la période que vous appelez l'humanité.»

Par cette réponse, nous pouvons imaginer que les premiers stages de l'esprit humain se passent dans des corps d'êtres inférieurs de la création, tels les minéraux, les plantes et les animaux. Les esprits ne nient pas cette possibilité parce que tout est lié dans la Nature et que le principe intelligent qui deviendra un jour un esprit humain se prépare tout doucement à la vie, en respectant toutes ces étapes.

Pour parcourir le chemin du progrès, l'esprit passe toujours d'un stade inférieur à un autre supérieur, et son début, sa case de départ, fait partie de l'origine de tout et selon Allan Kardec, ceci est un secret qui appartient à Dieu.

LOIS MORALES
(LIVRE 3)

LOI DIVINE OU NATURELLE
(CHAPITRE 1)

– Question de Kardec (614) : Que doit-on entendre par la loi naturelle ?

– Réponse des Esprits : « La loi naturelle est la loi de Dieu ; c'est la seule vraie pour le bonheur de l'homme ; elle lui indique ce qu'il doit faire ou ne pas faire, et il n'est malheureux que parce qu'il s'en écarte. »

La loi de Dieu ou loi naturelle est immuable et parfaite, et existe depuis l'éternité. On y trouve l'harmonie existante dans l'univers matériel et moral. Les bons esprits nous enseignent que toutes les lois de la Nature sont divines car son auteur est Dieu.

Kardec nous explique que parmi les lois divines, il y a les lois physiques (étudiées par la Science) et les lois morales, celles qui régissent le comportement de l'homme par rapport à lui-même, à son prochain et à Dieu.

Au fur et à mesure que nous progressons par l'intermédiaire de chaque nouvelle incarnation, nous comprenons mieux ces lois, surtout en ce qui concerne la distinction entre le bien et le mal. Dieu a confié à certains esprits supérieurs la mission de s'incarner sur la Terre pour révéler à l'Humanité Sa loi et promouvoir le progrès de notre planète.

Pour savoir qui sont ces esprits supérieurs réincarnés, ceux qui nous appelons les prophètes, il faut apprendre à les reconnaître. Pour cela, il faut observer leurs actes et leurs paroles parce que les vrais prophètes sont toujours des hommes de bien, inspirés par Dieu. Le plus parfait parmi eux et qui doit nous servir de guide et de modèle est Jésus.

Kardec nous dit que Jésus est le modèle de la perfection morale que l'Humanité peut vouloir sur la Terre. Il est l'esprit le plus pur qui a déjà vécu sur notre planète, la plus parfaite expression de la loi de Dieu.

– Question de Kardec (629) : Quelle définition peut-on donner de la morale ?

– Réponse des Esprits : «La morale est la règle pour se bien conduire, c'est-à-dire, la distinction entre le bien et le mal. Elle est fondée sur l'observation de la loi de Dieu. L'homme se conduit bien quand il fait tout en vue et pour le bien de tous, car alors il observe la loi de Dieu».

Faire le bien c'est être en accord avec la loi de Dieu. Faire le mal c'est la désobéir. Pour que nous puissions faire la différence entre le bien et le mal, nous avons l'intelligence. Si nous croyons en Dieu et si nous voulons vraiment devenir meilleurs, nous avons tous les moyens de faire la distinction entre l'un et l'autre.

Pourquoi le mal existe-t-il ? Les esprits nous répondent : parce que Dieu laisse l'homme faire ses propres choix. Il est nécessaire que l'esprit cumule ses propres expériences. Il est nécessaire qu'il connaisse le bien et le mal. Et c'est pour acquérir ces expériences que nous nous incarnons dans un corps matériel.

Les bons esprits nous disent aussi que le mal dépend de notre volonté. Ainsi, lorsque nous faisons une action que nous savons être mauvaise, notre culpabilité est plus grande. Il s'agit de responsabilité. A ce sujet, Kardec remarque que l'homme instruit qui commet un simple acte d'injustice, est plus coupable que le sauvage ignorant qui obéit à ses instincts.

Il ne suffit pas de ne pas pratiquer le mal. L'idéal c'est de ne pas le désirer. Mais si nous le désirons, nous devons résister à la tentation de ne pas le pratiquer. En plus, nous devons chercher à faire le bien parce que le mal qui vient du bien non pratiqué, nous rend aussi coupables. Par exemple : nous sommes répréhensibles, si nous laissons quelqu'un dans l'embarras alors que nous pouvons l'aider, si quelque chose de mal lui arrive.

Les bons esprits nous rappellent que ne pas faire le bien c'est déjà un mal.

LOI D'ADORATION
(CHAPITRE 2)

– Question de Kardec (649) : En quoi consiste l'adoration ?

– Réponse des Esprits : «C'est l'élévation de la pensée vers Dieu. Par adoration, on rapproche son âme de lui.»

Nous adorons Dieu parce que nous reconnaissons notre faiblesse et avons besoin de sa protection. Il n'a jamais existé de peuples athées, c'est-à-dire, des peuples qui ne croyaient pas à un être suprême. Donc, l'adoration existe et a toujours existé ; ce qui varie c'est la façon dont chaque peuple l'exprime. Les esprits nous apprennent que la vraie adoration est celle qui vient du cœur. Pour adorer Dieu nous n'avons pas besoin de manifestations extérieures comme les rituels, les symboles, les cantiques, les cérémonies ou des locaux spéciaux. Ces manifestations ne sont pas condamnées par les bons esprits, du moment qu'elles expriment un sentiment sincère et qu'elles ne remplacent pas un comportement fraternel.

A la question 653, les esprits répondent à Kardec que « l'adoration extérieure peut être utile si elle n'est pas un vain simulacre et qu'il est toujours utile de donner un bon exemple… » Dieu préfère ceux qui l'adorent en toute sincérité à ceux qui Lui rendent hommage par des cérémonies.

Adorer Dieu c'est faire le bien et éviter le mal. C'est obéir à Ses lois et se comporter en accord avec elles. Cela prend une importance plus grande chez les personnes qui connaissent les vérités divines car elles sont beaucoup plus responsables du mal qu'elles pratiquent.

– Question de Kardec (659) : Quel est le caractère général de la prière ?

– Réponse des Esprits : «La prière est un acte d'adoration. Prier Dieu, c'est penser à lui ; c'est se rapprocher de lui ; c'est se mettre en communication avec lui. Par la prière, on peut se proposer trois choses : louer, demander, remercier.»

Pour Dieu, le plus important c'est l'intention. Pour cette raison, la valeur de la prière est dépend de sa sincérité. Il préfère la prière qui vient du fond du cœur à celles lues ou répétées. Celui qui prie avec foi, attire les bons esprits, éloigne les mauvais et nous rend plus fort pour résister au mal. L'important n'est pas de beaucoup prier mais de bien prier. Par la prière nous pouvons louer Dieu et L'adorer. Nous pouvons Le remercier du don de la vie et de tout ce qui nous entoure. Nous pouvons Lui demander les choses dont nous avons besoin ; mais elles ne nous seront accordées que si nous les méritons et si elles nous apportent de réels bénéfices. Parfois nous pensons qu'une chose est bonne pour nous et elle ne l'est pas. Et lorsque nous n'avons pas ce que nous avons demandé, la prière nous soutient et nous donne de la force pour continuer la lutte et pour supporter avec patience ce qui ne peut pas être changé.

La prière sert aussi à demander le pardon ; mais ce qui fait la différence c'est notre changement d'attitude visant corriger le mal que nous avons pratiqué. Les esprits nous disent que les bonnes actions sont les meilleures prières, car la valeur des actes est plus grande que celle des paroles.

Nous pouvons aussi prier et demander de l'aide aux bons esprits pour les autres personnes, quelles soient incarnées ou désincarnées. Prier pour ceux qui sont déjà dans l'Au-delà leur apporte de la joie et du réconfort car ils voient qu'il y a des gens qui pensent à eux. La prière peut aussi les aider à se repentir ce qui va atténuer leurs souffrances et attirer vers eux la protection et l'inspiration des bons esprits.

Finalement, nous pouvons prier les bons esprits et notre ange gardien. Mais nos prières n'auront de l'effet que si elles sont en accord avec les lois divines.

LOI DU TRAVAIL
(CHAPITRE 3)

— Question de Kardec (676) : Pourquoi le travail est-il imposé à l'homme ?

— Réponse des Esprits : « C'est une conséquence de sa nature corporelle. C'est une expiation, et en même temps un moyen de perfectionner son intelligence. Sans le travail, l'homme resterait dans l'enfance de l'intelligence ; c'est pourquoi il ne doit sa nourriture, sa sécurité et son bien être qu'à son travail et à son activité. A celui qui est trop faible de corps, Dieu a donné l'intelligence pour y suppléer ; mais c'est toujours un travail. »

Le travail est une nécessité qui fait partie de la loi de la Nature. Par son intermédiaire nous grandissons et nous acquérons de précieuses expériences. Les bons esprits nous enseignent que le travail développe notre capacité de penser et de réfléchir. Dieu nous l'a donné pour que nous puissions subvenir à nos besoins matériels. Donc, il a une double finalité : entretenir le corps et développer l'intelligence.

Les habitants des mondes supérieurs travaillent aussi. Bien sur, leur travail est en accord avec leur évolution, donc, moins matériel que le nôtre. Contrairement à ce que l'on pense, dans ces mondes, le fait de ne pas travailler n'est pas pour leurs habitants un motif de joie ; pour eux, il s'agit d'un supplice.

Le repos fait aussi partie de la loi de la Nature. Il nous est bénéfique pour la récupération de nos forces et donne un peu plus de liberté à notre intelligence afin qu'elle puisse « voler » au-dessus de la matière.

En parlant du travail, Kardec fait référence au chômage, sujet très actuel de nos jours. Lorsque le Codificateur parle de ce vrai fléau, il dit que la solution ne se trouve pas dans les théories économiques mais dans l'éducation ; non pas l'éducation intellectuelle mais l'éducation morale, et non celle des livres mais celle qui consiste dans l'art de former des caractères ; celle qui donne des habitudes d'ordre et de prévoyance pour soi-même et les siens ; du respect pour ce qui est respectable, des habitudes qui permettent d'éviter le désordre et l'imprévoyance.

LOI DE REPRODUCTION
(CHAPITRE 4)

– Question de Kardec (686) : La reproduction des êtres vivants est-elle une loi de la nature ?

– Réponse des Esprits : « Cela est évident ; sans la reproduction le monde corporel périrait. »

La reproduction sert à fournir de nouveau corps matériels aux esprits qui ont besoin de se réincarner.

– Question de Kardec (689) : Les hommes actuels sont une nouvelle création, ou les descendants perfectionnés des êtres primitifs ?

– Réponse des Esprits : « Ce sont les mêmes esprits qui sont venus se perfectionner dans de nouveaux corps, mais qui sont encore loin de la perfection. Ainsi la race humaine actuelle qui, par son augmentation, tend à envahir toute la terre et à remplacer les races qui s'éteignent, aura sa période de décroissance et de disparition. D'autres races plus perfectionnées la remplaceront, qui descendront de la race actuelle, comme les hommes civilisés d'aujourd'hui descendent des êtres bruts et sauvages des temps primitifs. »

La loi du progrès est en tout. Nous, les hommes

d'aujourd'hui, sommes les êtres primitifs et sauvages qui ont habité la Terre dans ses premiers âges. La condition évolutive actuelle de notre Humanité, très lointaine de la perfection, représente un avancement par rapport à l'homme primitif que nous avons été. Cette Humanité sera remplacée par des races plus évoluées dans la mesure du progrès réalisé.

Nous constatons, une fois de plus que tout marche vers l'avant.

– Question de Kardec (694) : Que faut-il penser des usages qui ont pour effet d'arrêter la reproduction en vue de satisfaire la sensualité ?

– Réponse des Esprits : « Cela prouve la prédominance du corps sur l'âme, et combien l'homme est dans la matière. »

Dans cette question on parle des méthodes contraceptives. Les bons esprits ne les condamnent pas directement, mais ils montrent le caractère matérialiste qui domine encore dans l'Humanité.

– Question de Kardec (695) : Le mariage, c'est-à-dire, l'union permanente de deux êtres, est contraire à loi de la Nature ?

– Réponse des Esprits : « C'est un progrès dans la marche de l'humanité. »

Kardec considère le mariage comme l'un des premiers actes de progrès dans les sociétés humaines. Il est, contrairement à ce qui se passe avec la majorité des animaux (qui n'a pas un partenaire fixe), parce qu'il établit la solidarité fraternelle et se retrouve chez tous les peuples, quoi que dans des conditions diverses.

Selon les bons esprits l'indissolubilité absolue du mariage ne se trouve pas dans la loi de la Nature. Cela veut dire qu'ils admettent la séparation d'un couple. Par contre, la polygamie est considérée un retard social.

La raison d'une union par le mariage doit être l'affection ; dans la polygamie, il y a surtout de la sensualité. Kardec remarque que si la polygamie était une loi de la Nature, il n'y aurait pas une certaine égalité dans le nombre de personnes de chaque sexe.

LOI DE CONSERVATION
(CHAPITRE 5)

– Question de Kardec (703) : Dans quel but Dieu a-t-il donné à tous les êtres vivants l'instinct de leur conservation ?

– Réponse des Esprits : « Parce que tous doivent concourir aux vues de la Providence, c'est pour cela que Dieu leur a donné le besoin de vivre. Et puis, la vie est nécessaire au perfectionnement des êtres ; ils le sentent instinctivement sans s'en rendre compte. »

L'instinct de conservation, cette pulsion automatique que tout être vivant a pour se maintenir vivant, est lié au besoin d'évolution. Etant donné que la réincarnation est nécessaire à notre progrès, instinctivement nous nous accrochons à elle.

A cette fin, Dieu nous a donné les moyens, en dotant la Nature de la capacité de produire l'essentiel à la vie. Lorsqu'elle ne suffit pas à nos demandes, c'est à cause du gaspillage de l'homme qui se créé des nécessités qui le font désirer ce dont il n'a pas réellement besoin.

Si les moyens d'existence manquent souvent à certains pendant que d'autres en ont en excès, il ne faut pas accuser la Nature. Ce déséquilibre dans les sociétés est dû à l'ambition et à l'égoïsme des hommes.

– Question de Kardec (711) : L'usage des biens de la terre est-il un droit pour tous les hommes ?

– Réponse des Esprits : «Ce droit est la conséquence de la nécessité de vivre. Dieu ne peut avoir imposé un devoir sans avoir donné les moyens de le remplir.»

La jouissance des biens matériels est un droit, mais aussi un devoir dans la mesure où elle garantit la continuité de la vie. Cet usage doit être équilibré. Le plaisir que nous pouvons en tirer a pour but de nous tester et de nous apprendre à ne pas commettre des abus. La limite du plaisir doit être proportionnelle à notre besoin. Lorsque nous la dépassons (par exemple en mangeant de trop), nous pouvons tomber malades et parfois même, en mourir. Nous sommes alors, en train de nous punir par désobéissance à la loi de Dieu.

– Question de Kardec (715) : Comment l'homme peut-il connaître la limite du nécessaire ?

– Réponse des Esprits : « Le sage la connaît par intuition ; beaucoup la connaissent par expérience et à leurs dépens. »

Lorsque nous mangeons trop, nous ne sommes pas bien. Et cela, même s'il s'agit dans plat que nous aimons beaucoup. Le malaise arrive et on finit par regretter d'avoir abusé.

Par intuition ou par expérience, nous avons la capacité d'éviter les excès, qui ne font jamais du bien ni au corps ni à l'esprit. Et en plus, ils peuvent devenir des vices créant à leur tour des besoins qui ne sont pas réels.

Ces excès peuvent aussi porter préjudice à d'autres personnes, dans la mesure où nous abusons d'une chose qui va leur manquer. Avoir du superflu, peut provoquer le manque du nécessaire chez d'autres. Cela va à l'encontre du sens moral et du sentiment de charité qui doivent guider nos vies.

Les bons esprits disent que la recherche du bien-être est un besoin naturel, à condition qu'en se le procurant nous ne fassions aucun mal ni aux autres ni à nous-mêmes.

LOI DE DESTRUCTION
(CHAPITRE 6)

– Question de Kardec (728) : La destruction est-elle une loi de Nature ?

– Réponse de Kardec : « Il faut que tout se détruise pour renaître et se régénérer ; car ce que vous appelez destruction n'est qu'une transformation qui a pour but le renouvellement et l'amélioration des êtres vivants. »

Nous avons sur terre, une vision erronée, presque toujours négative de tous les processus de destruction. Et pourtant, ces processus sont tout à fait normaux et nécessaires pour donner continuité à la vie. Pour que certains êtres se nourrissent, d'autres doivent être détruits. Ainsi, les animaux herbivores mangent des végétaux et les animaux carnivores mangent d'autres animaux.

Pour que des êtres vivants puissent continuer de naître, il faut que ceux qui sont venus auparavant, meurent ; autrement, leur quantité excessive dans le monde, empêcherait la continuité de la vie de tous.

Il est toujours important de se souvenir que l'essentiel est l'esprit, qui ne sera jamais détruit. Pour qu'il puisse se transformer et évoluer, il est nécessaire que le corps physique qui le recouvre, vive le processus de destruction par la mort.

– Question de Kardec (730) : Puisque la mort doit nous conduire à une vie meilleure, qu'elle nous délivre des maux de celle-ci, et qu'ainsi elle est plus à désirer qu'à redouter, pourquoi l'homme en a-t-il une horreur instinctive qui la lui fait appréhender ?

– Réponse des Esprits : « Nous l'avons dit, l'homme doit chercher à prolonger sa vie pour accomplir sa tâche : c'est pourquoi Dieu lui a donné l'instinct de conservation, et cet instinct le soutient dans les épreuves ; sans cela il se laisserait trop souvent aller au découragement. La voix secrète qui lui fait repousser la mort lui dit qu'il peut encore faire quelque chose pour son avancement. Quand un péril le menace c'est un avertissement pour qu'il ait à mettre à profit le répit que Dieu lui accorde ; mais, l'ingrat ! il en rend plus souvent grâce à son étoile qu'à son Créateur. »

L'instinct de conservation fait en sorte que les êtres vivants cherchent toujours à éviter la mort. Il sert à nous maintenir forts face aux difficultés de la vie et à ne pas refuser la lutte pour notre évolution. Nous éprouvons de la joie et nous sommes même soulagés, quand nous réussissons à surmonter certains dangers qui mettent en péril notre vie, et nous empêchent d'accomplir les taches que nous avons choisies avant de nous réincarner. Nous ne devons jamais oublier que, lorsque nous réussissons à surmonter un grand danger, cela veut dire que Dieu nous donne une nouvelle chance sur terre, de continuer notre chemin vers le progrès. Alors, profitons-en bien.

– Question de Kardec (734) : Dans son état actuel, l'homme a-t-il un droit illimité de destruction sur les animaux ?

– Réponse des Esprits : « Ce droit est réglé par la nécessité de pourvoir à sa nourriture et à sa sécurité ; l'abus n'a jamais été un droit. »

Les bons esprits attirent notre attention sur le droit à la destruction des animaux : il n'existe que pour des raisons de maintient de la vie et de sécurité. Donc, nous avons le droit de tuer des animaux pour nous nourrir (manger de la viande, fait partie de notre nature humaine actuelle) ou pour nous défendre si nous sommes attaqués. En dehors de cela, il s'agit d'abus et cela va contre la loi de Dieu. Tout abus de destruction fait à notre planète, sera sanctionné.

– Question de Kardec (737) : Dans quel but Dieu frappe-t-il l'humanité par des fléaux destructeurs ?

– Réponse des Esprits : « Pour la faire avancer plus vite. N'avons-nous pas dit que la destruction est nécessaire à la régénération morale des Esprits qui puisent dans chaque nouvelle existence un nouveau degré de perfection ? Il faut voir la fin pour en apprécier les résultats. Vous ne les jugez qu'à votre point de vue personnel, et vous les appeler fléaux à cause du préjudice qu'ils vous occasionnent ; mais ces bouleversements sont souvent nécessaires pour faire arriver plus promptement un ordre des choses meilleur, et en quelques années ce qui eut exigé bien des siècles. »

Même les grandes tragédies, celles qui touchent d'un seul coup un grand nombre de personnes (tremblements de terre, incendies, inondations, épidémies) ont leur grande utilité pour le progrès des individus et des collectivités. Si selon nos points de vue ces tragédies ne nous apportent que du mauvais, en réalité elles accélèrent l'évolution de l'Humanité. Ces grands fléaux n'existent qu'à cause du comportement de l'homme, de son attitude de refuser à apprendre à être bon par l'intermédiaire de la pratique du bien. Ils servent aussi d'épreuve pour l'individu qui y trouve l'occasion d'exercer la patience et la résignation à propos des choses qu'il ne peut pas changer, ainsi que la pratique de la solidarité et l'amour du prochain. Lorsqu'il aide ceux qui souffrent comme lui, il partage avec eux leurs grandes douleurs.

N'oublions pas que la majorité de ces fléaux est due à l'irresponsabilité de l'homme qui détruit les forêts, pollue l'air et les eaux et manque à tous niveaux de respect envers la Nature et envers son prochain.

– Question de Kardec (742) : Quelle est la cause qui porte l'homme à la guerre ?

– Réponse des Esprits : « Prédominance de la nature animale sur la nature spirituelle, et assouvissement des passions. Dans l'état de barbarie, les peuples ne connaissent que le droit du plus fort ; c'est pourquoi la guerre est pour eux un état normal. A mesure que l'homme progresse, elle devient moins fréquente, parce qu'il en évite les causes ; et quand elle est nécessaire, il sait y allier l'humanité. »

Les bons esprits nous donnent une bonne nouvelle : un jour la guerre va disparaître de la surface de la Terre. Et ce moment viendra lorsque la Justice et la Loi de Dieu seront vécues par les peuples qui seront tous des frères.

En attendant, les guerres continuent d'envahir la planète apportant tristesse et souffrance. Seul, le progrès spirituel de l'homme peut les faire diminuer et les arrêter définitivement. A mesure que l'Humanité évolue, elle apprend à les éviter en utilisant des moyens moins barbares, tels les accords diplomatiques, pour résoudre leurs problèmes.

– Question de Kardec (746) : Le meurtre est-il un crime aux yeux de Dieu ?

– Réponse des Esprits : « Oui, un grand crime ; car

celui qui ôte la vie à son semblable tranche une vie d'expiation ou de mission, et là est le mal. »

Lorsque quelqu'un est assassiné, quelque chose de très important est interrompu. La victime ne peut plus, dans cette existence, continuer son chemin évolutif, perdant une précieuse occasion de progrès. L'assassin acquière une dette grave envers sa victime et envers la loi de Dieu. Son acte lui apportera de sérieuses conséquences pour son processus d'évolution.

– Question de Kardec (760) : La peine de mort disparaîtra un jour de la législation humaine ?

– Réponse des Esprits : « La peine de mort disparaîtra incontestablement, et sa suppression marquera un progrès dans l'humanité. Lorsque les hommes seront plus éclairés, la peine de mort sera complètement abolie sur la terre ; les hommes n'auront plus besoin d'être jugés par les hommes. Je parle d'un temps qui est encore assez éloigné de vous. »

Kardec, sur ce sujet, nous dit : bien que nous soyons encore distants du progrès social idéal, il y a des choses qui s'améliorent. Aujourd'hui dans les pays où l'on pratique la peine de mort, on ne condamne pas à mort si facilement, ni avec la même cruauté de certaines époques. La torture au nom de la Justice, considérée naturelle par de nombreux peuples, est considérée dans nos jours comme un comportement barbare. Tout cela montre que l'Humanité a avancé et qu'elle est devenue meilleure. Les bons esprits nous rappellent que nous devons donner au criminel l'occasion de se repentir (et non la lui enlever). Et qu'il faut suivre l'exemple de Jésus qui a toujours prêché le pardon et jamais la vengeance. De plus, nous savons que personne n'échappe à la Justice Divine. Elle nous apprend que nous subissons les conséquences de nos fautes et que nous passerons par les souffrances que nous avons imposées à d'autres, soit dans cette présente incarnation soit dans nos vies futures.

La peine de mort est le résultat du degré peu avancé où se trouve notre Humanité. Nous devons tous lutter pour son abolition.

LOI DE SOCIETE
(CHAPITRE 7)

– Question de Kardec (766) : La vie sociale est-elle dans la nature ?

– Réponse des Esprits : «Certainement ; Dieu a fait l'homme pour vivre en société. Dieu n'a pas donné inutilement à l'homme la parole et toutes les autres facultés nécessaires à la vie de relation. »

La vie en société nous apprend à combattre l'égoïsme et à travailler pour le progrès de tous. Ainsi avance l'Humanité. Si chacun de nous vivait isolé, il nous manquerait des outils pour évoluer. C'est par la convivialité que nous améliorons notre caractère et que nous contribuons à l'amélioration de ceux qui nous entourent.

– Question de Kardec (775) : Quel serait, pour la société, le résultat du relâchement des liens de famille ?

– Réponse des Esprits : « Une recrudescence d'égoïsme ».

Contrairement aux animaux, qui gardent leurs enfants jusqu'à ce qu'ils se débrouillent tout seuls, et qui plus tard, ne les reconnaissent même plus, l'homme maintient avec ses enfants un rapport beaucoup plus profond. C'est ainsi parce que les animaux agissent, poussés par leur instinct de conservation, tandis que l'homme a besoin de progresser. Ce progrès n'est possible que s'il passe par les liens sociaux, et les liens familiaux qui sont les plus étroits qui existent. Dans la famille, on apprend à s'aimer comme des frères.

LOI DU PROGRES
(CHAPITRE 8)

– Question de Kardec (779) : L'homme puise-t-il en lui la force progressive, ou bien le progrès n'est-il que le produit d'un enseignement ?

– Réponse des Esprits : «L'homme se développe lui-même naturellement ; mais nous ne progressons pas en même temps et de la même manière ; c'est alors que les plus avancés aident au progrès des autres par le contact social.»

Si chaque homme progresse à son rythme et à sa façon, nous pouvons en conclure que le progrès dépend plus de chacun de nous que de la Nature. Le progrès intellectuel (de l'intelligence et de la connaissance) apporte le progrès moral (celui du caractère, des valeurs et des mœurs). D'une manière générale, lorsque l'homme progresse en intelligence et en connaissance, il arrive à mieux comprendre le bien et le mal et mieux les distinguer l'un de l'autre. Mais ce progrès intellectuel chez les individus, n'est pas toujours au même niveau que le progrès moral.

Cela veut dire qu'il peut y avoir des personnes et des peuples intellectuellement brillants mais qui moralement laissent beaucoup à désirer. La responsabilité de ceux qui ont déjà progressé intellectuellement est plus grande, parce qu'ils ont une plus grande compréhension de tout ce qui les entourent. De toutes façons, le vrai objectif est le progrès complet, c'est-à-dire, intellectuel et moral. On l'atteint avec le temps et par l'intermédiaire des incarnations successives.

– Question de Kardec (793) : A quels signes peut-on reconnaître une civilisation complète ?

– Réponse des Esprits : « Vous le reconnaîtrez au développement moral. Vous vous croyez bien avancés, parce que vous avez fait de grandes découvertes et des inventions merveilleuses ; que vous êtes mieux logés et mieux vêtus que les sauvages ; mais vous n'aurez vraiment le droit de vous dire civilisés que lorsque vous aurez banni de votre société les vices qui la déshonorent, et que vous vivrez entre vous comme des frères en pratiquant la charité chrétienne ; jusque là vous n'êtes que des peuples éclairés, n'ayant parcouru que la première phase de la civilisation. »

A nouveau, la question du progrès moral et du progrès intellectuel nous apparaît. Comme nous l'explique Kardec, le degré de civilisation d'un peuple dépend de son progrès moral. La société la plus civilisée, la plus avancée, sera celle où il y aura moins d'égoïsme, moins de convoitise et moins d'orgueil. En elle, la question intellectuelle et morale sera toujours au-dessus de la question matérielle ; le développement de l'intelligence sera plus libre ; il y aura la prédominance des sentiments tels la bonté, la générosité, la bonne foi, le respect de la vie, des croyances, et des opinions ; la justice sera vraiment juste et jamais il ne manquera aux hommes le nécessaire.

En résumant : Dans une société qui se dira civilisée, les enseignements de Jésus seront continuellement pratiqués par tous.

– Question de Kardec (799) : De qu'elle manière, le Spiritisme peut-il contribuer au progrès ?

– Réponse des Esprits : « En détruisant le matérialisme qui est une des plaies de la société, il fait comprendre aux hommes où est leur véritable intérêt. La vie future n'étant plus voilée par le doute, l'homme comprendra mieux qu'il peut assurer son avenir par le présent. En détruisant les préjugés des sectes, des castes et des couleurs, il apprend aux hommes la grande solidarité qui doit les unir comme des frères. »

Cette transformation dont nous parlent les bons esprits, ne se fera pas du jour au lendemain et le Spiritisme y jouera un rôle très important. Les modifications dans les idées se font petit à petit et le changement des mentalités chez les hommes prend des générations. Mais tout se transformera en temps voulu et le Spiritisme vient nous aider à faire des pas qui sont à notre porté. A mesure qui nous avançons dans la connaissance de la doctrine, nous pouvons faire ces pas, en essayant de corriger nos fautes.

LOI DE L'EGALITE
(CHAPITRE 9)

– Question de Kardec (803) : Tous les hommes sont-ils égaux devant Dieu ?

– Réponse des Esprits : « Oui, tous tendent au même but, et Dieu a fait ses lois pour tout le monde. Vous dîtes souvent : Le soleil luit pour tous et vous dîtes là une vérité plus grande et plus générale que vous ne pensez. »

Aucun homme n'est supérieur à un autre. Riches et pauvres, tous naissent avec le même objectif et suivent le chemin de l'évolution. Tous les corps sont détruits par la mort (comme nous l'enseigne Kardec) et tous les hommes sont absolument égaux aux yeux de Dieu.

En ayant cette certitude, nous constatons que les préjugés de race, de classe sociale, de croyance et de tant d'autres qui causent tant de malheurs, sont totalement absurdes et démontrent l'état d'avancement moral où se trouve notre société.

Il est certain qu'il y a des personnes qui ont plus d'aptitudes dans certains domaines que d'autres. Cette différence est la conséquence de l'effort et du libre arbitre de chacune, dans cette vie ou dans les vies passées. Donc, notre progrès dépend de notre volonté, car nos dons personnels sont le résultat de notre travail tout au long de nos nombreuses incarnations.

– Question de Kardec (806) : L'inégalité des conditions sociales est-elle une loi de nature ?

– Réponse des Esprits : « Non, elle est l'œuvre de l'homme et non celle de Dieu. »

Les bons esprits nous disent que l'inégalité disparaît à mesure que les peuples progressent, dés l'instant où les hommes ne sont plus orgueilleux et égoïstes. Nous ne pouvons pas oublier, qu'à chaque existence, l'homme appartient à une position sociale différente, selon son mérite et son besoin d'évolution. Donc, celui qui dans une vie est né riche peut dans une autre vie renaître pauvre et vice-versa. Les positions sociales s'alternent dans le but de nous faire apprendre toutes les leçons dont nous avons besoin pour notre avancement spirituel.

Nous pouvons donc conclure que les inégalités sociales vont disparaître de notre planète, lorsqu'elles ne seront plus utiles pour notre évolution, c'est-à-dire, lorsque l'orgueil et l'égoïsme n'existeront plus sur la Terre.

– Question de Kardec (815) : Laquelle des deux épreuves est la plus redoutable pour l'homme, celle du malheur ou celle de la fortune ?

– Réponse des Esprits : « Elles le sont autant l'une que l'autre. La misère provoque le murmure contre la Providence, la richesse excite à tous les excès. »

Kardec et les bons esprits affirment que la richesse est une épreuve très difficile, contrairement à ce que nous pouvons penser. Si notre objectif est le perfectionnement moral, avoir les facilités et le pouvoir que la richesse offre, n'est pas toujours le chemin le plus court d'y arriver. Plus riche et plus puissant est l'homme, plus grande est sa responsabilité envers les autres. En occupant une position privilégiée, il a de nombreuses possibilités de faire le bien, ce qui malheureusement ne se passe pas souvent. Il peut devenir ambitieux et égoïste, en se servant mal des ressources offertes par Dieu et aggraver sa situation évolutive. La richesse est liée au matérialisme qui finit par éloigner l'homme de sa vraie nature spirituelle.

– Question de Kardec (817) : L'homme et la femme sont-ils égaux devant Dieu et ont-ils les mêmes droits ?

– Réponse des Esprits : « Dieu n'a-t-il pas donné à tous les deux l'intelligence du bien et du mal et la faculté de progresser ? »

En répondant à la question de Kardec par une autre question, les bons esprits ont été très clairs. Ils nous expliquent que la situation d'infériorité de la femme chez certains peuples et civilisations, a lieu pour des raisons culturelles et démontre leur retard moral. La fragilité physique de la femme par rapport à l'homme, ne signifie pas son infériorité, mais que par contre, les deux sexes ont été préparés pour jouer des rôles différents. L'homme qui détient la force physique peut plus facilement réaliser des travaux plus lourds. La femme a la sensibilité, la délicatesse, nécessaires à la maternité et à d'autres missions importantes.

Les bons esprits nous disent clairement que l'émancipation de la femme accompagne le progrès de la civilisation et que les deux, hommes et femmes, doivent avoir les mêmes droits.

Ils ne nous laissent pas oublier qu'à chaque existence nous pouvons nous réincarner dans un corps féminin ou masculin, démontrant que cette alternance est une nécessité du monde matériel en vue de notre évolution spirituelle, car l'esprit n'a pas de sexe.

LOI DE LIBERTE
(CHAPITRE 10)

– Question de Kardec (826) : Quelle serait la condition dans laquelle l'homme pourrait jouir d'une liberté absolue ?

– Réponse des Esprits : « L'ermite dans un désert. Dès qu'il y a deux hommes ensembles, ils ont des droits à respecter et n'ont par conséquent, plus de liberté absolue. »

Les bons esprits nous disent que nous avons tous besoin les uns des autres, que nous soyons petits ou grands, riches ou pauvres, humbles ou puissants. Donc, la convivialité avec les gens est nécessaire et pour qu'elle soit possible il nous faut respecter les droits des uns et des autres. Pour cela nous devons laisser notre individualisme de côté.

Voici un exemple très simple : dans le silence d'une bibliothèque, quelqu'un souhaite lire à voix haute. Si cette personne était complètement libre, elle le ferait. Mais elle doit respecter les droits des personnes qui sont bien concentrées dans leur lecture. On peut en conclure que la liberté individuelle est limitée par les droits de l'autre et c'est pour cette raison, qu'il n'y a pas de liberté absolue.

– Question de Kardec (838) : Toute croyance est-elle respectable, alors même qu'elle serait notoirement fausse ?

– Réponse des Esprits : « Toute croyance est respectable quand elle est sincère et qu'elle conduit à la pratique du bien. Les croyances blâmables sont celles qui conduisent au mal. »

Nous apprenons avec les bons esprits l'importance de la liberté de conscience, cette liberté que nous avons de penser, d'agir et de croire. Donc, nous devons toujours respecter les idées et pensées des autres et par conséquent, leurs croyances, qui seront toujours respectables si elles amènent à la pratique du bien.

– Question de Kardec (843) : L'homme a-t-il le libre arbitre de ses actes ?

– Réponse des Esprits : «Puisqu'il a la liberté de penser, il a celle d'agir. Sans libre arbitre l'homme serait une machine. »

Le libre arbitre est la capacité que l'homme a de choisir sa façon d'agir. Les esprits nous rappellent que plus l'homme est évolué, plus il est responsable de ses choix. Son progrès et la rapidité de celui-ci en dépendent.

– Question de Kardec (851) : Y a-t-il une fatalité

dans les événements de la vie, selon le sens attaché à ce mot ; c'est-à-dire tous les événements sont-ils arrêtés d'avance, et dans ce cas que devient le libre arbitre ?

— Réponse des Esprits : « La fatalité n'existe que par le choix qu'a fait l'Esprit en s'incarnant de subir telle ou telle épreuve ; en la choisissant, il se fait une sorte de destin qui est la conséquence même de la position où il se trouve placé ; je parle des épreuves physiques, car pour ce qui est des épreuves morales et de tentations, l'Esprit, conservant son libre arbitre sur le bien et sur le mal, est toujours le maître de céder ou de résister. Un bon Esprit, en le voyant faiblir, peut venir à son aide, mais ne peut influer sur lui de manière à maîtriser sa volonté. Un Esprit mauvais, c'est-à-dire inférieur, en lui montrant, en lui exagérant un péril physique, peut l'ébranler et l'effrayer ; mais la volonté de l'Esprit incarné n'en reste pas moins libre de toute entrave. »

Ce que nous vivons comme une fatalité sont les événements de la vie par lesquels nous devons passer. Bien souvent, nous les choisissons avant de nous réincarner et ce choix est toujours la conséquence de nos actes pratiqués (dans le passé) et en visant notre évolution.

Mais rien ne peut surmonter notre libre arbitre. L'homme est capable de choisir son propre chemin et ce choix va déterminer les événements auxquels il sera confronté dans son actuelle existence et dans ses existences futures. L'acte de semer est libre mais la récolte est obligatoire. Cela veut dire que nous pouvons toujours choisir ce que nous allons planter, mais nous récoltons exactement ce que nous avons planté. Malgré cette sorte de « destinée » que l'homme, en faisant usage de son libre arbitre bâtit pour lui-même, les esprits affirment que seuls sont fatals le moment et la manière de mourir. De cet instant nous n'arrivons pas à fuir ; rien ne pourra nous empêcher de mourir lorsque notre heure de partir sera arrivée. D'un autre côté, il n'y a pas de danger qui nous fasse partir avant l'heure. Il est intéressant de remarquer que de nombreuses fois, nous avons l'intuition du moment et de la façon dont nous allons mourir, parce que, dans de nombreux cas avant de nous réincarner, cela nous est révélé.

Quant aux autres événements, comme nous l'avons déjà dit, ils sont le résultat de notre actuel libre arbitre. Donc nous devons assumer la responsabilité de nos choix et de leurs conséquences. Nous sommes les artisans de notre destinée ; c'est uniquement dans nos mains que se trouve le pouvoir de la rendre meilleure.

– Question de Kardec (868) : L'avenir peut-il être révélé à l'homme ?

– Réponse des Esprits : « En principe, l'avenir lui est caché, et ce n'est que dans des cas rares et exceptionnels que Dieu en permet la révélation. »

Connaître l'avenir nous rendrait paralysés. Si nous savions déjà ce qui va nous arriver, quel serait le mérite de lutter pour que les choses soient autrement ? La connaissance de l'avenir ne nous aiderait en rien à notre évolution, car elle empêcherait l'usage de notre libre arbitre et nous rendrait passifs et impuissants devant les défis de la vie.

LOI DE JUSTICE, D'AMOUR ET DE CHARITE (CHAPITRE 11)

– Question de Kardec (875) : Comment peut-on définir la justice ?

– Réponse des Esprits : « La justice consiste dans le respect des droits de chacun. »

Les bons esprits nous enseignent que le sentiment de justice existe depuis toujours dans le cœur de l'homme, et qu'il a été inculqué par Dieu. Le progrès moral peut aider au développement de ce sentiment, par contre le fait d'avoir beaucoup de culture, ne va pas déterminer son intensité : il y a des hommes simples, peu cultivés, qui possèdent un sentiment de justice beaucoup plus grand que d'autres d'une plus grande culture.

Le respect des droits des autres est la définition de justice que nous donne « Le Livre des Esprits ». Mais comment sont-ils déterminés ? – Par la loi humaine et par la loi naturelle, répondent les esprits. La première est souple et en accord avec son temps ; elle se modifie avec l'évolution des peuples. Mais, elle est aussi imparfaite et elle n'exprime pas avec exactitude ce qui est juste ; elle régule à peine les relations sociales.

La vraie justice est une question de conscience et elle peut se résumer dans la maxime du Christ qui est bien simple à comprendre : fait à ton prochain ce que tu attends qu'il te le fasse.

– Question de Kardec (881) : Le droit de vivre donne à l'homme le droit d'amasser de quoi vivre pour se reposer quand il ne pourra plus travailler ?

– Réponse des Esprits : « Oui, mais il doit le faire en famille, comme l'abeille, par un travail honnête, et ne pas amasser comme un égoïste. Certains animaux même lui donnent l'exemple de la prévoyance. »

Partant du principe (qui nous a été enseigné par les esprits), que le premier droit naturel de l'homme est le droit de vivre, peut-il amasser de quoi vivre pour se reposer dans la vieillesse ? La réponse est oui, du moment que cette accumulation de biens soit acquise honnêtement et sans égoïsme. Le droit à la propriété est un droit naturel et sacré comme l'est aussi le droit au travail et celui de vivre.

Pour que la propriété soit vraiment légitime face à la loi divine, elle ne doit pas être acquise au détriment d'autrui et toujours en prenant en compte la pratique de l'amour et de la charité. Cumuler par ambition des biens qui n'auront aucune utilité, oubliant l'aide au prochain qui se trouve dans le besoin, n'est pas bien vu par Dieu, même si tout se passe en accord avec la loi des hommes.

– Question de Kardec (886) : Quel est le véritable sens du mot charité tel que l'entendait Jésus ?

– Réponse des Esprits : « Bienveillance pour tout le monde, indulgence pour les imperfections d'autrui, pardon des offenses. »

Kardec nous éclaire sur l'amour et la charité qui sont des compléments de la justice. Aimer son prochain c'est lui faire tout le bien possible que nous souhaitions qu'il nous soit fait. Il attire notre attention sur le fait que la charité n'est pas seulement de l'aumône, et qu'elle doit être présente dans toutes nos relations familiales et sociales avec des personnes de tous les rangs sociaux.

Pratiquer la charité c'est : ne jamais humilier les autres, toujours pardonner leurs imperfections et offenses et essayer d'améliorer la condition des personnes qui se trouvent en position d'infériorité. En ce qui concerne les ennemis, si nous n'arrivons pas encore à les aimer, comme prêchait Jésus, nous devons au moins essayer de leur pardonner, de ne jamais commettre contre eux aucun acte de vengeance et de toujours tenter de leur rendre le bien pour le mal qu'ils nous ont fait.

– Question de Kardec (893) : Quelle est la plus méritoire de toutes les vertus ?

– Réponse des Esprits : « Toutes les vertus ont

leur mérite, parce que toutes sont des signes de progrès dans la voie du bien. Il y a vertu toutes les fois qu'il y a résistance volontaire à l'entraînement de mauvais penchants ; mais le sublime de la vertu consiste dans le sacrifice de l'intérêt personnel pour le bien de son prochain sans arrière pensée ; la plus méritoire est celle qui est fondée sur la charité la plus désintéressée. »

L'acquisition de la vertu est une conquête que nous réalisons tout au long de nos incarnations.

Lorsque nous surmontons nos tendances à pratiquer le mal, le bien et les bons sentiments deviennent une habitude naturelle de notre comportement.

Mais nous sommes encore très distants de la perfection et dans notre monde nous devons luter pour que le bien s'installe fort et définitivement. Les esprits de la codification nous informent qu'il y a de nombreux mondes plus avancés que le nôtre où la charité est vraiment pratiquée. Dans ces mondes, le bien est la règle et le mal l'exception ; le sentiment du bien est spontané et le bonheur est une réalité pour tous ceux qui y habitent.

Le détachement des choses matérielles et le désintéressement personnel dans la pratique de la charité, sont présentés dans « Le Livre des Esprits » comme des vertus importantes dans le chemin de l'évolution.

– Question de Kardec (898) : Puisque la vie corporelle n'est qu'un séjour temporaire ici-bas, et que notre avenir doit être notre principale préoccupation, est-il utile de s'efforcer d'acquérir des connaissances scientifiques qui ne touchent qu'aux choses et aux besoins matériels ?

– Réponse des Esprits : « Sans doute ; d'abord cela vous met à même de soulager vos frères ; puis, votre Esprit montera plus vite s'il a déjà progressé en intelligence ; dans l'intervalle des incarnations, vous apprendrez en une heure ce qui vous demanderait des années sur votre terre. Aucune connaissance n'est inutile ; toutes contribuent plus au moins à l'avancement, parce que l'Esprit parfait doit tout savoir, et que le progrès devant s'accomplir en tous sens, toutes les idées acquises aident au développement de l'Esprit. »

Donc, l'étude est fondamentale pour le progrès spirituel. Acquérir la connaissance des choses du monde matériel aide aussi à notre évolution, car le développement de l'intelligence contribue à l'avancement moral. Nous pouvons conclure que les connaissances scientifiques sont importantes au progrès de tous les peuples.

– Question de Kardec (909) : L'homme pourrait-il toujours vaincre ses mauvais penchants par ses efforts ?

– Réponse des Esprits : « Oui, et quelque fois par de faibles efforts ; c'est la volonté qui lui manque. Hélas ! Combien peu de vous font des efforts ! »

Une fois de plus, les bons esprits nous disent que tout se trouve dans nos mains. Il est possible de combattre le mal qui existe encore en nous, par un simple effort. Malheureusement, nous n'avons pas l'habitude, ne serait-ce qu'un peu, de nous corriger. Et pourtant, notre évolution va dépendre de notre effort dispensé en faveur du bien de tous.

– Question de Kardec (913) : Parmi les vices, quel est celui qu'on peut regarder comme radical ?

– Réponse des Esprits : « Nous l'avons dit bien des fois, c'est l'égoïsme ; de là dérive tout le mal. Etudiez tous les vices, et vous verrez qu'au fond de tous il y a l'égoïsme ; vous aurez beau le combattre, vous ne parviendrez pas à les extirper tant que vous n'aurez pas attaqué le mal dans sa racine, tant que vous n'aurez pas détruit la cause. Que tous vos efforts tendent donc vers ce but, car là est la véritable plaie de la société. Quiconque veut approcher, dès cette vie, de la perfection morale, doit extirper de son cœur tout sentiment d'égoïsme, car l'égoïsme est incompatible avec la justice, l'amour et la charité ; il neutralise toutes les autres qualités. »

Au fur et à mesure que l'homme s'éloigne du

matérialisme et se spiritualise, son égoïsme diminue. De nombreuses institutions humaines, au lieu de le combattre, finissent par l'encourager.

L'origine de notre égoïsme et de notre infériorité morale, vient de l'importance que nous donnons aux choses matérielles. A mesure que nous évoluons et que nous arrivons à nous libérer de d'autres défauts d'ordre moral, nous devenons moins imparfaits et par conséquent, moins égoïstes. Actuellement, sur notre planète, il y a des gens très égoïstes mais il y en a aussi d'autres qui sont en train de vaincre tous les obstacles pour s'en débarrasser.

Le jour où l'égoïsme sera banni de la Terre, la solidarité y règnera. Nous serons tous des frères, nous aidant les uns les autres et ne pratiquant jamais le mal. Le fort soutiendra le faible au lieu de l'opprimer et personne ne vivra dans le besoin, car il y aura une vraie justice dans la société.

Kardec dit que l'égoïsme ne sera vaincu que par l'éducation. Il ne s'agit pas ici de l'éducation qui rend la personne cultivée et instruite, mais de celle qui est la clef du progrès moral : l'éducation qui forme l'homme de bien.

Kardec nous dit aussi que :

– lorsque l'homme comprendra que l'égoïsme est

l'une des causes de tous les maux et qu'il génère des sentiments tels l'envie et la jalousie, l'orgueil et la haine, parmi d'autres ;

– lorsqu'il comprendra que le bonheur ne peut pas exister avec l'égoïsme ;

– il va l'éliminer de sa vie par l'action de sa propre volonté.

– Question de Kardec (919) : Quel est le moyen pratique le plus efficace pour s'améliorer en cette vie et résister à l'entraînement du mal ?

– Réponse des Esprits : « Un sage de l'antiquité vous l'a dit : Connais-toi toi-même. »

Quel est le moyen d'y parvenir ? Demande Kardec. Et les esprits lui répondent d'une façon très simple : à la fin de la journée tu dois faire un examen de conscience. Tu dois passer en revue ce que tu as fait et te demander si tu n'as pas manqué à quelque devoir et si personne n'a eu à se plaindre de toi. C'est ainsi que tu parviendras à te connaître et à voir ce qu'il y a à réformer en toi.

Mais, selon Saint Augustin, nous pouvons aussi demander encore ceci : S'il plaisait à Dieu de me rappeler en ce moment, aurais-je en rentrant dans le monde des Esprits, où rien n'est caché, à redouter la vue de quelqu'un ?

La connaissance de soi est fondamentale au progrès individuel, mais il n'est pas facile de se juger soi même.

Comment pouvons nous vraiment savoir si nos actes sont bons ou mauvais, si nous considérons notre fâcheuse habitude à trouver toujours des excuses à tout ce que nous faisons ?

La solution donnée par Saint Augustin, en vue de nous aider, est à nouveau très simple : Demandez-vous comment vous la qualifierez si elle était le fait d'une autre personne. Chercher aussi à savoir ce qu'en pensent les autres personnes, et ne négligez pas l'opinion de vos ennemis, car ceux-la n'ont aucun intérêt à farder la vérité.

Tout cela fait partie d'un travail quotidien qui a pour but de nous faire évoluer. Nous remettre toujours en question, demander à notre conscience ce qu'elle pense de notre comportement de chaque jour, est le chemin le plus rapide et efficace à l'auto connaissance ainsi que pour atteindre le bonheur tant souhaité par tous.

ESPERANCES ET CONSOLATIONS (LIVRE 4)

PEINES ET JOUISSANCES TERRESTRES

– Question de Kardec (920) : L'homme peut-il jouir sur la terre d'un bonheur complet ?

– Réponse des Esprits : « Non, puisque la vie lui a été donnée comme épreuve ou expiation ; mais il dépend de lui d'adoucir ses maux et d'être aussi heureux qu'on le puisse sur la terre. »

Les esprits s'expriment en toute clarté lorsqu'ils disent que même le bonheur relatif à vivre sur terre, dépend de nous. Nous sommes presque toujours la cause de notre malheur. Cependant, nous pouvons l'écarter en pratiquant la loi de Dieu. Nos souffrances sont les conséquences de notre éloignement du droit chemin.

Et qu'est ce que le bonheur ? Selon les esprits, le bonheur matériel est d'avoir le nécessaire à sa subsistance. Le bonheur moral est d'avoir la conscience tranquille et la foi en l'avenir. Si nous voulons vraiment être heureux matériellement, nous devons toujours regarder celui qui est moins pourvu que nous. L'homme heureux est celui qui a des désirs simples et qui n'envie pas l'autre, apparemment plus favorisé que lui. Pour les bons esprits, le riche n'est pas celui qui possède beaucoup de biens mais celui qui a le moins de besoins.

En ce qui concerne le bonheur moral, il n'est possible qu'en l'absence de sentiments tels l'orgueil, l'envie, la jalousie, la convoitise ou le mépris. Ces défauts sont de vrais tourments qui empêchent l'homme d'être en paix. Tout notre malheur est en rapport avec le matérialisme. Quand nous serons capables d'élever nos pensées vers l'infini, toutes les questions matérielles nous paraîtront sans importance et ne pourrons donc plus nous causer de souffrance, d'aucune sorte.

– Question de Kardec (934) : La perte des personnes qui nous sont chères n'est-elle pas une de celles qui nous causent un chagrin d'autant plus légitime que cette perte est irréparable, et qu'elle est indépendante de notre volonté ?

– Réponse des Esprits : « Cette cause de chagrin atteint le riche comme le pauvre ; c'est une épreuve ou expiation, et la loi commune ; mais c'est une consolation de pouvoir communiquer avec vos amis par les moyens que vous avez, en attendant que vous en ayez d'autres plus directs et plus accessibles à vos sens. »

Il est très triste de perdre un être cher. Il s'agit d'une expérience commune à tous. Tout le monde, un jour ou l'autre passe par-là. Le Spiritisme nous apporte la consolation à cette souffrance inévitable : la communication entre les « vivants » et les « morts ». Ceux qui sont partis avant nous sont heureux des pensées que nous leur adressons. Lorsque nous recevons de leurs nouvelles, nous ressentons du réconfort et notre nostalgie diminue. C'est par la médiumnité que nos êtres chers désincarnés nous aident, nous inspirent, nous démontrent qu'ils sont toujours vivants et nous assurent qu'un jour nous serons tous à nouveau ensembles.

Le Livre des Esprits nous avertit que nous ne devons ni désespérer ni rester inconsolables de la mort d'un être cher. Nos doux et affectueux souvenirs leur font du bien. Par contre, notre désespoir et notre profonde douleur, les affligent et les font souffrir.

Kardec fait une comparaison intéressante : deux amis sont prisonniers et enfermés dans le même cachot ; tous les deux attendent leur liberté un jour prochain, mais l'un des deux l'obtient avant l'autre. Serait-il charitable à celui qui reste d'être fâché que son ami soit délivré avant lui ? N'y aurait-il pas plus d'égoïsme que d'affection de sa part à vouloir qu'il partage sa captivité et ses souffrances aussi longtemps que lui ?

La prison, est le monde matériel ou nous souffrons pendant la vie. La libération est le départ vers le monde spirituel, la fin d'une douloureuse mission et l'occasion pour nos êtres chers de partir vers une nouvelle et plus heureuse étape. Ne devons-nous nous réjouir pour eux ? D'autant plus que nous savons que nous pourrons continuer à communiquer avec eux, à avoir de leurs nouvelles et à donner et à recevoir de l'affection.

– Question de Kardec (940) : Le défaut de sympathie entre les êtres destinés à vivre ensemble n'est-il pas également une source de chagrins d'autant plus amers qu'ils empoisonnent toute l'existence ?

– Réponse des Esprits : « Très amers, en effet ; mais c'est un de ces malheurs dont vous êtes le plus souvent la première cause ; d'abord, ce sont vos lois qui ont tort, car crois-tu que Dieu t'astreigne à rester avec ceux qui te déplaisent ? Et puis, dans ces unions, vous cherchez plus la satisfaction de votre orgueil et de votre ambition que le bonheur d'une affection mutuelle ; vous subissez alors la conséquence de vos préjugés. »

Les esprits admettent que dans ces unions malheureuses, des victimes innocentes en subissent les conséquences. Certaines personnes, malgré leurs efforts pour une meilleure entente avec leurs proches, n'arrivent pas à améliorer leurs relations. Dans cette situation, ceux qui causent des afflictions répondront pour leur comportement. Quant aux victimes, au fur et à mesure de leur évolution, elles n'auront plus besoin de revivre ces situations difficiles. Elles doivent garder la foi en un avenir meilleur et continuer leurs efforts.

– Question de Kardec (941) : L'appréhension de la mort est pour beaucoup de gens une cause de perplexité ; d'où vient cette appréhension, puisqu'ils ont devant eux l'avenir ?

– Réponse des Esprits : « C'est à tort qu'ils ont cette appréhension ; mais que veux-tu ! On cherche à les persuader dans leur jeunesse qu'il y a un enfer et un paradis, mais qu'il est plus certain qu'ils iront en enfer, parce qu'on leur dit que ce qui est dans la nature est un péché mortel pour l'âme : alors quand ils deviennent grands, s'ils ont un peu de jugement, ils ne peuvent admettre cela, et ils deviennent athées ou matérialistes ; c'est ainsi qu'on les amène à croire qu'en dehors de la vie présente, il n'y a plus rien. Quant à ceux qui ont persisté dans leurs croyances d'enfance, ils redoutent ce feu éternel qui doit les brûler sans les anéantir.

La mort n'inspire au juste aucune crainte, parce qu'avec la foi il a la certitude de l'avenir ; l'espérance lui fait attendre une vie meilleure, et la charité dont il a pratiqué la loi lui donne l'assurance qu'il ne rencontrera dans le monde où il va entrer aucun être dont il ait à redouter le regard (730).

Kardec ajoute que l'homme charnel, plus attaché à

la vie corporelle qu'aux valeurs spirituelles, son bonheur est dans la satisfaction fugitive de tous ses désirs. Il ne pense qu'aux questions de la vie terrestre et s'angoisse beaucoup. Comme il ne croit pas à l'avenir il a peur de mourir et il sait que tout ce qui l'intéresse va rester sur terre.

L'homme moral, qui s'est élevé au-dessus des besoins factices créés par les passions, a, dès ici-bas, des jouissances inconnues à l'homme matériel. La modération de ses désirs donne à son Esprit le calme et la sérénité. Heureux du bien qu'il fait, il n'est point pour lui de déceptions, et les contrariétés glissent sur son âme sans y laisser d'empreinte douloureuse.

– Question de Kardec (944) : L'homme a-t-il le droit de disposer de sa propre vie ?

– Réponse des Esprits : « Non, Dieu seul a ce droit. Le suicide volontaire est une transgression de cette loi. »

– Question de Kardec : Le suicide n'est-il pas toujours volontaire ?

– Réponse des Esprits : « Le fou qui se tue ne sait ce qu'il fait. »

Les esprits nous enseignent que l'homme qui réalise un travail honnête et utile, obéissant à ses penchants naturels, supporte mieux et avec patience les défis de la vie, toujours dans le but d'atteindre un bonheur plus durable et concret. Pour cet homme, la vie n'est jamais lourde, au point de penser au suicide.

En exceptant les fous qui ne savent pas ce qu'ils font, les personnes qui se suicident (parce quelles ne sont pas suffisamment courageuses pour supporter la souffrance), trouveront après leur mort, le double de la souffrance qu'elles ont voulu éviter sur terre. Et tous ceux qui poussent une autre personne au suicide auront la responsabilité d'un assassinat.

Donc, quelle que soit la circonstance, le suicide est un acte condamnable qui apporte de très douloureuses conséquences à l'esprit que se désincarne de cette façon. L'esprit du suicidé reste longtemps dans un état de perturbation et bien souvent, il accompagne la décomposition de son corps dans la sépulture. Dans ses futures incarnations, il pourra revenir avec des handicaps divers liés à la manière dont il a provoqué sa mort, sans parler du processus douloureux d'expiation qu'il sera nécessairement obligé de subir.

PEINES ET JOUISSANCES FUTURES
(CHAPITRE 2 DU LIVRE 4)

— Question de Kardec (958) : Pourquoi l'homme a-t-il instinctivement horreur du néant ?

— Réponse des Esprits : « Parce que le néant n'existe pas. »

Avant de nous incarner sur Terre, nous connaissons ce qui se passe avant la naissance et après la mort. Lorsque nous sommes incarnés, nous conservons un vague souvenir de ces réalités. Le fait que la vie soit courte et qu'elle puisse se terminer à n'importe quel moment, nous fait ressentir une inquiétude instinctive quant à notre avenir après la tombe.

— Question de Kardec (961) : Au moment de la mort, quel est le sentiment qui domine chez le plus grand nombre des hommes ; est-ce le doute, la crainte ou l'espérance ?

— Réponse des Esprits : « Le doute pour les sceptiques endurcis, la crainte pour les coupables, l'espérance pour les hommes de bien. »

La sagesse des lois divines est fondée sur la justice et sur la bonté ce qui nous amène à conclure que ceux qui ont prit le droit chemin et ceux en ayant choisi un autre, auront des destinées différentes. La vie future est la conséquence de nos actes ; le choix de notre avenir, est de notre entière responsabilité.

Il est important de se souvenir que Dieu nous donne toujours de nouvelles chances (les nouvelles existences) pour corriger les erreurs commises.

– Question de Kardec (967) : En quoi consiste le bonheur des bons Esprits ?

– Réponse des Esprits : « Connaître toutes choses ; n'avoir ni haine, ni jalousie ; ni envie ; ni ambition ; ni aucune des passions qui font le malheur des hommes. L'amour qui les unit est pour eux la source d'une suprême félicité. Ils n'éprouvent ni les besoins, ni les souffrances, ni les angoisses de la vie matérielle ; ils sont heureux du bien qu'ils font ; Du reste le bonheur des Esprits est toujours proportionné à leur élévation. Les purs Esprits jouissent seuls, il est vrai, du bonheur suprême, mais tous les autres ne sont pas malheureux ; entre les mauvais et les parfaits il y a une infinité de degrés où les jouissances sont relatives à l'état moral. Ceux qui sont assez avancés comprennent le bonheur de ceux qui sont arrivés avant eux ; ils y aspirent ; mais c'est pour eux un sujet d'émulation et non de jalousie ; ils savent qu'il dépend d'eux d'y atteindre et travaillent à cette fin, mais avec le calme de la bonne conscience, et ils sont heureux de n'avoir pas à souffrir ce qu'endurent les mauvais. »

Le concept du bonheur des esprits élevés est très différent du nôtre. Si pour nous, esprits incarnés, il veut dire, de nombreuses fois, avoir du confort matériel, pour les esprits supérieurs, il signifie le confort moral. Ils ne vivent plus les souffrances de la vie corporelle et connaissent toutes choses. Ils emploient leur intelligence et leurs connaissances de façon à ce qu'elles soient utiles au progrès d'autres esprits et cette activité les rendent très heureux.

– Question de Kardec (973) : Quelles sont les plus grandes souffrances que puissent endurer les mauvais Esprits ?

– Réponse des Esprits : « Il n'y a pas de description possible des tortures morales qui sont la punition de certains crimes ; celui-là même qui les éprouve aurait de la peine à vous en donner une idée ; mais assurément la plus affreuse est la pensée qu'il a d'être condamner sans retour. »

Les bons esprits nous disent que la pire des tortures morales qu'un esprit puisse supporter est celle de se croire condamner à souffrir éternellement. Et Kardec ajoute que chacun est puni selon sa faute. Les communications spirites ont pour résultat de nous montrer l'état futur de l'âme, non plus comme une théorie, mais comme une réalité. Cette réalité est bien concrète et nous montre des exemples de souffrances et de joies qui nous attendent dans l'Au-delà, selon les choix que nous avons faits durant notre vie sur terre. Si nous tirons profit de chaque nouvelle incarnation, nous réduisons la durée de nos épreuves et nous nous rapprochons de l'état de bonheur moral des esprits élevés.

Lorsque nous sommes dans le Monde Spirituel (entre deux incarnations), c'est comme si nous étions au sommet d'une montagne. Nous regardons en arrière et nous contemplons notre passé ; si nous regardons en avant, nous pouvons planifier notre avenir pour atteindre plus rapidement la fin du chemin. Pour tous, et sans exception, les souffrances de la vie sont passagères.

– Question de Kardec (982) : Est-il nécessaire de faire profession de spiritisme et de croire aux manifestations pour assurer notre sort dans la vie future ?

– Réponse des Esprits : « S'il en était ainsi, il s'ensuivrait que tous ceux qui ne croient pas, ou qui n'ont pas été à même de s'éclairer, sont déshérités, ce qui serait absurde. C'est le bien qui assure le sort à venir ; or, le bien est toujours le bien, quelle que soit la voie qui y conduit. » (165-799)

Croire dans le Spiritisme, comme nous l'explique Kardec, nous aide à notre amélioration personnelle et favorise notre avancement spirituel. Il nous éclaire sur l'avenir, nous guide dans le droit chemin, nous apprend à supporter les souffrances avec patience et résignation et nous éloigne des actions qui pourraient retarder notre évolution.

Mais il n'est pas le seul chemin pour arriver à la pratique du bien. Le bien est toujours le bien. Le plus important n'est pas la route que nous prenons pour y arriver, mais le fait d'y arriver.

– Question de Kardec (994) : L'homme pervers qui n'a point reconnu ses fautes pendant sa vie les reconnaît-il toujours après sa mort ?

– Réponse des Esprits : « Oui, il les reconnaît toujours, et alors il souffre davantage, car il ressent tout le mal qu'il a fait ou dont il a été la cause volontaire. Cependant le repentir n'est pas toujours immédiat ; il y a des Esprits qui s'obstinent dans la mauvaise voie malgré leurs souffrances ; mais tôt ou tard, ils reconnaîtront la fausse route dans laquelle ils se sont engagés, et le repentir viendra. C'est à les éclairer que travaillent les bons Esprits et que vous pouvez travailler vous-mêmes. »

La reconnaissance de nos fautes nous cause toujours souffrance. Le repentir est nécessaire pour ne pas les aggraver et pour ne pas prolonger notre état d'infériorité. La vigilance est donc très importante, parce que même repentis, nous pouvons à nouveau reprendre le mauvais chemin, influencés par des esprits moralement plus en retard que nous.

Par la prière nous pouvons aider les esprits inférieurs à trouver la route du bien. Ces prières auront sur eux un effet salutaire s'ils se repentissent du mal qu'ils ont pratiqué. Personne n'a le pouvoir de provoquer d'un coup de baguette magique le changement d'un d'autre, seulement parce qu'il est mort. Dans l'Au-delà nous continuons les mêmes erreurs et notre changement doit toujours passer par la réflexion et par la souffrance.

Pour cette raison, le repentir tout seul ne suffit pas. Il aide, il est indispensable, mais il n'est pas suffisant pour réparer le mal commis ou pour nous conduire sur le droit chemin. Pour le rachat de nos fautes, il nous faut l'expiation : nous devons souffrir ce que nous avons fait subir à d'autres. Nous pouvons dès maintenant travailler pour corriger nos erreurs, en pratiquant la charité et en étant plus intentionnés vis-à-vis de notre prochain.

– Question de Kardec (1012) : Un lieu circonscrit dans l'univers est-il affecté aux peines et aux jouissances de Esprits, selon leurs mérites ?

– Réponse des Esprits : « Nous avons déjà répondu à cette question. Les peines et les jouissances sont inhérentes au degré de perfection des Esprits ; chacun puise en soi-même le principe de son propre bonheur ou malheur ; et comme ils sont partout, aucun lieu circonscrit ni fermé n'est affecté à l'un plutôt qu'à l'autre. Quant aux Esprits incarnés, ils sont plus au moins malheureux, selon que le monde qu'ils habitent est plus ou moins avancés. »

Cette réponse nous montre que l'enfer et le paradis n'existent pas comme des lieux bien précis. Ce ne sont que des figures ou des états de l'esprit. Le purgatoire doit être compris non comme un lieu déterminé quelconque, mais comme l'état des Esprits imparfaits qui sont en expiations jusqu'à la purification complète qui doit les élever au rang des Esprits bienheureux. Cette purification s'opérant dans les diverses incarnations, le purgatoire consiste dans les épreuves de la vie corporelle. »

– Question de Kardec (1019) : Le règne du bien pourra-t-il jamais avoir lieu sur la terre ?

– Réponse des Esprits : «Le bien règnera sur la terre quand, parmi les Esprits qui viennent l'habiter, les bons l'emporteront sur les mauvais ; alors ils y feront régner l'amour et la justice qui sont la source du bien et du bonheur. C'est par le progrès moral et par la pratique des lois de Dieu que l'homme attirera sur la terre les bons Esprits, et qu'il en éloignera les mauvais ; mais les mauvais ne la quitteront que lorsqu'il en aura banni l'orgueil et l'égoïsme. »

Celle-ci est la dernière question du « Le Livre des Esprits » et sa réponse a été donnée par l'Esprit Saint Louis. Il nous explique que la transformation de l'Humanité est déjà prévue et qu'elle n'est pas loin. Elle sera faite par une nouvelle génération d'esprits plus évolués qui se réincarneront sur la Terre.

Les mauvais esprits après leur désincarnation ne reviendront plus. Ils partiront habiter dans d'autres mondes moins avancés que le nôtre où ils auront des missions douloureuses à accomplir en vue de leur évolution. En même temps, ils contribueront à l'amélioration de ces mondes peuplé par des frères plus en retard qu'eux.

Alors, notre planète sera bien plus heureuse. L'amour et la justice uniront tous les hommes pour le grand voyage vers la perfection et à la rencontre de la Lumière.

www.ingramcontent.com/pod-product-compliance
Lightning Source LLC
Chambersburg PA
CBHW061654040426
42446CB00010B/1734